Topos Taschenbücher
Band 259

W0068593

Walbert Bühlmann

Johannes XXIII.

Der schmerzliche Weg eines Papstes

Mit dem authentischen Text der
Konzilseröffnungsrede

Topos Taschenbücher

Originalausgabe

Die Deutsche Bibliothek – CIP-Einheitsaufnahme

Bühlmann, Walbert:
Johannes XXIII. : der schmerzliche Weg eines Papstes /
Walbert Bühlmann. Mit dem authentischen Text der
Konzilseröffnungsrede / [Johannes XXIII.]. – 1. Aufl. – Mainz:
Matthias-Grünewald-Verl., 1996
   (Topos Taschenbücher ; Bd. 259)
   ISBN 3-7867-1907-1
NE: Johannes <Papa, XXIII.>: Konzilseröffnungsrede; GT
Vw: Roncalli, Angelo Giuseppe [Früherer Name] → Johannes <Papa,
XXIII.>

© 1996 Matthias-Grünewald-Verlag, Mainz
Alle Rechte vorbehalten. 1. Auflage 1996
Reihengestaltung: Harald Schneider-Reckels und Iris Momtahen
Umschlag: KNA-Bild, Frankfurt a.M.
Druck und Bindung: Clausen & Bosse, Leck

ISBN 3-7867-1907-1

Inhalt

Vorwort 7

1. „Ich schäme mich ... ich bin ein großer Sünder."
Jugend und Ausbildung 1881–1905 9

2. „Ein Motiv tiefster Abtötung, das freilich meinen
Seelenfrieden nicht störte."
Auf den ersten Stufen der Karriere in Bergamo
und Rom 1905–1925 22

3. „Eine einzige lange Folge von täglichen Nadelstichen
und Verletzungen ..."
Apostolischer Visitator in Bulgarien. Apostolischer
Delegat für die Türkei und für Griechenland
1925–1944 32

4. „Ich überlasse jedem das Übermaß von Schlauheit
und sogenanntem diplomatischen Geschick...."
Apostolischer Nuntius in Paris 1945–1952 44

5. „Dieses Gefühl meiner Unzulänglichkeit, das
mich keinen Augenblick verläßt ..."
Patriarch von Venedig 1953–1958 57

6. „Für einen armen Papst wie mich heißt es
wachsam sein, verbessern und ertragen ..."
Papst 1958–1963 66

7. „Auch nach seinem Tode noch wurde er als
Prophet gehört." (Sir 46,20) 102

Literaturverzeichnis 112

Anhang
Ansprache Papst Johannes' XXIII.
zur Eröffnung des Zweiten Vatikanischen
Konzils (11. Oktober 1962) 114

Vorwort

Der gute Papst Johannes XXIII. starb vor mehr als 30 Jahren. Damals kam eine ganze Flut von Artikeln und Büchern über ihn heraus. Den älteren Leuten bleibt er wie ein schönes Erlebnis in Erinnerung. Die jüngere Generation kennt ihn und sein Konzil kaum mehr; und doch sollte beides von Generation zu Generation weitergegeben werden.

Diesem Zweck dient folgende neue Darstellung. Sie will nicht eine übliche Biographie sein. Im groben Rahmen dieses Lebens werden zwar die großen Visionen von Mensch, Kirche und Welt aufleuchten, die dem Roncalli-Papst damals die Sympathie der ganzen Welt einbrachten. Aber ich werde den Hauptakzent auf einen Aspekt legen, der in den bisherigen Büchern weniger aufschien und den ich neu herausarbeite, nämlich die Tatsache, daß bei diesem rundlichen, fröhlichen Mann nicht einfach alles „glattlief", nicht alles im voraus gegeben war, sondern daß er sich aus viel Enge und Ängstlichkeit heraus entfalten, gegenüber Widerstand und Intrige „gute Miene zum bösen Spiel" machen mußte. Und plötzlich können wir in ihm wie in einem Spiegel unser eigenes Leben entdecken mit seinen Problemen und Spannungen, mit seinen Träumen und Frustrationen, mit seiner „Hoffnung gegen alle Hoffnung" (Röm 4,18). Der schmerzliche Weg des Papstes kann uns deshalb auf unserem Lebensweg Trost und Ermutigung sein.

Als Quelle dienten mir die im Anhang verzeichneten Bücher, vor allem das Geistliche Tagebuch des Papstes selbst. Zudem hatte ich das Glück, im Juni 1994 mit Roncallis langjährigem Privatsekretär, dem jetzigen Erzbischof Loris F. Capovilla, in Sotto il Monte ein Gespräch zu führen und darin von ihm viel Hintergrundinformation und für strittige Fragen die wohl richtige Deutung zu erhalten.

Möge dieses Buch dazu beitragen, das Vertrauen auf Gott, die Freude an der Kirche, den Frieden unter den Menschen zu stärken, wie es den Grundanliegen des guten Johannes XXIII. entspricht.

Walbert Bühlmann

1. „Ich schäme mich ... ich bin ein großer Sünder."

Jugend und Ausbildung 1881–1905

Der Landstreifen zwischen Mailand und Venedig hat in den letzten 100 Jahren fünf Päpste hervorgebracht: Pius X. von Riese (Treviso), Pius XI. von Desio (Mailand), Johannes XXIII. von Sotto il Monte (Bergamo), Paul VI. von Concesio (Brescia) und Johannes Paul I. von Forno di Canale (Belluno). Johannes XXIII., der kleinste von Gestalt, wurde wohl der größte in geschichtlicher Wirkung. Es fing ganz klein an. Am 25. November 1881 wurde im unbedeutenden Dorf Sotto il Monte in der armen Familie Roncalli wieder ein Kind geboren und schon am gleichen Tag in der Marien-Kirche auf den Namen Angelo (Engel) getauft, als ob die Eltern den Neugeborenen nicht nur so rasch als möglich aus einem Heidenkind zu einem Gotteskind machen, sondern ihm mit diesem Namen auch einen großen Auftrag mit ins Leben geben wollten, an alle Menschen „Frohe Botschaft" zu verkünden, wie es die Engel an Maria von Nazaret, an die Hirten von Betlehem, an die nach dem toten Jesus suchenden Frauen von Jerusalem taten.

In seinem Elternhaus lernte Angelino (Engelchen), wie man ihn in den jungen Jahren nannte, strampeln und lallen, dann gehen und reden, schließlich im Kreis der dreizehn Kinder sich miteinander schiedlich-friedlich vertragen. Die Eltern, Battista Roncalli und Marianne, geborene Mazzola, hatten alle Mühe, sich mit der großen Familie durchs Leben zu schlagen. Aber der Geist des Glaubens und tiefer traditioneller Frömmigkeit hielt sie aufrecht. Angelo blieb seiner Familie durchs ganze Leben fest verbunden und fand auf allen Stufen seiner Karriere, sogar noch als Papst, Zeit, an seine Eltern und Geschwister, sei-

9

ne Neffen und Nichten Briefe zu schreiben, schlichte Zeilen, in denen er von seiner Tätigkeit berichtete, aber auch seine Sorge und Anteilnahme an ihren kleinen und großen Nöten zum Ausdruck brachte. 727 solcher Briefe blieben erhalten und sind in zwei Bänden veröffentlicht.

Zusammen mit den Eltern und dem Pfarrer Rebuzzini nahm sich der fromme Großonkel Saverio, der Taufpate, in besonderer Weise des jungen Angelo an. Er brachte ihm neben guten Sitten auch die Andacht zum Heiligsten Blute Jesu und den Sühnegedanken bei (der Junge wird einmal als Papst einen Apostolischen Brief herausgeben über die Verehrung des Heiligsten Blutes Jesu!). Er gab wohl auch den Anstoß dazu, den Elfjährigen ins Bischöfliche Seminar nach Bergamo zu senden. Er stellte damit die ersten Weichen, die Angelo auf eine ungeahnte Höhe ausrichten sollten. Der 80jährige Papst legte Wert darauf, die Verdienste Saverios festzuhalten, indem er bei seinen Lebensnotizen noch einen Nachtrag machte: „Mein Onkel Saverio erzog, zusammen mit meinen Eltern, mein demütiges Leben …"

Am 28. Juni 1895, schon mit 14 Jahren, wie das damals in Italien üblich war, erhielt Angelo die Tonsur, ein äußeres Zeichen im Haarschnitt, und den Talar und trat damit in die Reihe der Kleriker ein. Zu diesem Zeitpunkt überreichte der Spiritual des Seminars ihm und einigen anderen der besten Alumnen die „Kleine Regel" als eine vollkommene Methode des asketischen Lebens. Angelo schrieb sie von Hand in kleiner Schrift in ein Heft, das er immer bei sich bewahrte. Sie bestand aus 53 Verhaltensregeln für jeden Tag, jede Woche, jeden Monat, jedes Jahr. Der Vierzehnjährige empfand das nicht als Last, sondern als Weg, den er gewissenhaft gehen wollte.

Dieses kleine Heft bildete den Anfang seines Geistlichen Tagebuches, das er durch sein ganzes Leben, später vor allem während der jährlichen Exerzitien, führte. Darin zeichnete er nicht seine äußere Tätigkeit auf, sondern sein

Seelenleben, und zwar mit einer kindlich-naiven Frömmigkeit, aber auch mit einer unglaublichen, fast unheimlichen Selbstkontrolle. „... Abends vor dem Einschlafen will ich den Rosenkranz der heiligen Jungfrau um meinen Hals legen, die Arme auf der Brust kreuzen und versuchen, in der gleichen Haltung am Morgen aufzuwachen..."

Durch alle Jahre seiner jugendlichen Reifezeit hindurch, aber auch noch später, quälte ihn der Gedanke seiner Untreue, Unfähigkeit, Unwürdigkeit. Es wiederholen sich da Jeremiaden von Wehklagen über seine Armseligkeiten: „Mein Gott, ich schäme mich, ich müßte ein Heiliger sein, da Gott mir soviel Gnade geschenkt hat, und stattdessen bin ich ein großer Sünder ... Ich bin fast mutlos, ich komme keinen Schritt weiter ... Ich darf nicht vergessen, daß der Weg zur Hölle mit guten Vorsätzen gepflastert ist ... Welche Schande für mich, Angelo zu heißen und das Leben eines Engels führen zu wollen und es doch nie verwirklicht zu haben ... Mein Gott, vergib mir, ich bin der größte Sünder ... Ich muß sagen, daß ich gewiß noch tausend Meilen hinter all meinen Kameraden zurückliege ... Der Gedanke an die Hölle erschrickt mich zutiefst; nein, ich kann ihn nicht ertragen. Es scheint mir fast unmöglich, und ich kann mir nicht vorstellen, daß mein Gott, nachdem er mich so sehr geliebt hat, in seinem Zorn mich verstoßen könnte. Und doch ist das die reine Wahrheit ... O mein liebreichster Jesus, höre dieses mein Gebet! Schick mir nur, ich beschwöre dich, jede Art von Krankheit in diesem Leben; fessle mich für immer ans Bett, laß mich elend sein wie der Aussätzige im Walde, belade meinen Leib hier auf Erden mit den vielfältigsten Schmerzen; alles werde ich zur Sühne für meine Sünden annehmen und werde dir dafür danken; aber um Himmels willen, schicke mich nicht in die Hölle, entziehe mir nicht deine Liebe, deinen Anblick für die Ewigkeit..."

Man fragt sich nun, was das denn für Sünden waren, unter denen der arme Angelo so litt, und man nimmt mit Kopfschütteln seine Antwort zur Kenntnis: Zerstreuungen im Gebet, „trotz meiner vielen Vorsätze", selbstgefällige Gedanken, Unlust wegen der Hitze und daß er die Betrachtung ein wenig gekürzt, die Gewissenserforschung ausgelassen, zuviel geredet und geschwatzt habe: „All meine Eitelkeiten, all meine Zerstreuungen bei den religiösen Übungen, bei der Betrachtung, bei der Gewissenserforschung, beim Rosenkranzgebet; all meine Worte, die geistreichen Bemerkungen, die ich nur von mir gebe, weil mich insgeheim der Wunsch treibt, aufzufallen und direkt und indirekt zu zeigen, daß ich studiert habe; all meine Luftschlösser, meine Kartenhäuser, meine Phantastereien; alle in der Zeit des Stillschweigens gesprochenen Worte, alle zurückgewiesenen Inspirationen: alles, alles kommt vor das Gericht. Mein Gott, was für ein Schrecken! Welch eine Sündenlast ... Ich bin leider gezwungen, mein Elend zu bekennen. Ich bin ein armer Sünder, ein ungetreuer und unnützer Knecht; ich bin voll von Hochmut bis in die Haarspitzen; ich bin zerstreut, bin unwissend, bin ein Nichts. Mein Jesus, Barmherzigkeit! ... Wenn ich meinen Stolz, meinen Hochmut, meine Eigenliebe nicht bekämpfe, so erwartet mich ewige Verdammnis. O ich Unglückseliger! ..."

Man kann entweder dazu sagen: eine krankhafte Skrupulosität; Oder aber: Angelo war ein Kind seiner Zeit. Man wurde damals – leider – so erzogen. Das Selbstwertgefühl wurde nicht bejaht und gefördert, sondern abgelehnt und erdrosselt. Oder noch einmal anders: die authentische Sprache der Heiligen, die gegenüber dem Heiligen Gott über ihre eigenen Unvollkommenheiten zutiefst erschrecken!

Die meisten heutigen Christen werden diese Sünden- und Höllenangst weder verspüren noch verstehen. Aber zu sagen, daß nicht auch sie von Ängsten gequält werden, wäre weit gefehlt. Der Mensch lebt in einer – vielleicht vom Geburtsschock her bedingten – Grundhaltung der Angst. Es ist bezeichnend: Das erste Wort, das vom ersten Menschen, Adam, überliefert ist, nachdem er von der verbotenen Frucht gegessen hatte, heißt: „Ich geriet in Furcht, ich hatte Angst." (Gen 3,10) Das trifft auch auf den heutigen Menschen zu. Er hat Angst vor dem Examen, Angst vor dem öffentlichen Auftreten, Angst vor dem Wettkampf im Sport, Angst vor der Konkurrenz im Geschäft, Angst vor der möglichen Untreue des oder der Geliebten, Angst vor der Zukunft, Angst vor dem Sterben. Das müßte an sich nicht so sein. Gott will, daß seine Menschen frei und froh durch die Welt gehen. Jesus hat den Menschen nicht nur äußere Hilfen gebracht, Brot und Heilung, sondern auch Befreiung von der Angst. Eines seiner häufigsten Worte war: „Fürchtet euch nicht!"

Auch Angelo strahlte als Papst Johannes XXIII. eine ähnliche, jetzt von Angst befreite und von Angst befreiende Botschaft aus. Er tat dies nicht wie einer, der vom festen Ufer aus die von Angst Geschaukelten zum Mut ermuntert. Er hat selbst in einem fast unglaublichen Maß diese Ängste durchgestanden in seiner Jugend und noch das ganze Leben lang unter seiner geistlichen Armseligkeit gelitten. Aber das Gewicht verlagerte sich mehr und mehr auf das um so größere Vertrauen auf den gnädigen Gott. Beim Lesen seiner Botschaften als Papst fällt einem geradezu auf, wie oft und wie eindringlich er von der Barmherzigkeit Gottes spricht. In der Osteransprache 1959 rief er die Gläubigen auf, die österlichen Sakramente nicht zu vergessen, denn: „Der Herr ist wahrhaft auferstanden. Das muß man auch von jedem einzelnen seiner Brüder sagen können: Er ist wahrhaft auferstanden, der in der Sünde war. Es sind auferstanden die Zweifelnden, die Mißtrauischen, die Furchtsamen, die Lauen! Es sind auferstanden die Kummervollen, die Bedrängten, die Elenden! Dies ist der Wunsch, den Wir euch entbieten, geliebte Söhne, in der väterlichen Liebe unseres Herzens!" Er konnte also für sich selbst die Ängste seiner Jugendzeit überwinden. Während einer Einkehrwoche zum Anlaß seines 80. Geburtstages blickte er dem Tod froh ins Auge und schrieb: „Gehen wir Gott immerzu entgegen, als ob er mich immer mit offenen Armen erwartete."

Kehren wir zurück zum Studenten Angelo Roncalli, der unter Sünden litt, die im Grunde keine Sünden waren, um zu fragen, wie er mit der eigentlichen „Sünde" umging, die den Jungen in seinem Alter zu schaffen macht. Diesbezüglich war er geprägt von einer herausragenden Entschiedenheit: „Ich werde niemals frivole Bücher oder schamlose Bilder in die Hand nehmen oder anschauen. Wenn ich auf solche gefährliche Gegenstände stoße, so werde ich sie zerreißen oder verbrennen, auch wenn sie Eigentum meiner Kameraden sein sollten … Ich werde nicht nur selbst ein gutes Beispiel größter Zurückhaltung geben, sondern auch zu Hause dafür sorgen, daß nicht über Dinge geredet wird, die die heilige Reinheit verletzen. Ich werde niemals erlauben, daß man in meiner Gegenwart von Liebesgeschichten spricht und daß irgend jemand unanständige oder schamlose Worte gebraucht oder Liebeslieder gesungen werden. Ich werde jede solche Ungehörigkeit freundlich korrigieren, und wenn der Betreffende nicht aufhört, so werde ich mich entfernen, nachdem ich mein deutliches Mißgefühl zum Ausdruck gebracht habe … Ich werde bei allem immer daran denken, daß ich rein wie ein Engel sein muß, und ich werde mich so verhalten, daß mein ganzes Wesen, meine Augen, mein Tun und Handeln, jene heilige Reinheit ausstrahlt, welche den Heiligen zu eigen war … Todsünde! Welche Entsetzlichkeit! Der Gedanke schon schaudert mich! Aber nicht minder soll man die läßliche Sünde meiden … Mein Gott! Und ich sollte dich tödlich beleidigen? Nein, nie! Also fort auch mit den läßlichen Sünden, und auch mit allem, was zu ihnen führt. Besser ist der Tod als läßliche Sünde auf der Seele. So hilf mir, Herr, meine Seele rein, makellos und deinem Auge wohlgefällig zu erhalten!"

Es scheint ihm gelungen zu sein, diese Vorsätze zu halten,

selbst während der einjährigen Militärdienstzeit 1901–1902, die er nur mit Widerwillen auf sich nahm. „Auch ich habe den Militärdienst auf mich nehmen müssen, der für deine Diener eine ungerechte und barbarische Verpflichtung ist." Er spürte spontan einen Abscheu gegen alles, was mit Gewalt und Tötung zu tun hatte, wie er es dann später in seiner wichtigsten Enzyklika „Pacem in terris" verarbeitet und verkündet hat." Er wich auch innerlich vor den vermehrten Freiheiten, Verlockungen, Möglichkeiten in sexueller Hinsicht zurück, weihte sich im voraus der Unbefleckten Jungfrau Maria und konnte dann am Ende registrieren: „An das Jahr 1902 werde ich mich immer erinnern: Es war das Jahr meiner Militärzeit, ein Jahr der Kämpfe. Ich hätte meine Berufung verlieren können, wie so viele andere arme Unglückliche, und habe sie nicht verloren; die heilige Reinheit, die Gnade Gottes hätte ich verlieren können, aber Gott hat es nicht zugelassen. Ich bin durch den Schlamm gewatet, und er hat verhindert, daß ich mich besudelte; ich bin noch lebendig, gesund und kräftig wie zuvor, mehr noch als zuvor. Jesus, ich danke dir, ich liebe dich." Das konnte er auch bei den Exerzitien zum Anlaß seines 80. Geburtstages im Blick auf sein ganzes Leben bestätigen: „Was die Keuschheit betrifft, gegenüber mir selbst ... in Beziehung zu anderen durch Blicke, Berührungen, sowohl im Entwicklungs- oder Jünglingsalter, in den Jahren der Reife oder im Alter, beim Lesen von Büchern und Zeitschriften oder beim Betrachten von Figuren oder Bildern ließ die Gnade Gottes niemals eine Versuchung oder einen Fall zu, niemals, niemals!"

Da hört man oft, ohne Beziehung zu einer liebenden Partnerin werde der Mann leicht verschlossen, unerfüllt, hart, brutal, kommunikationsunfähig. In Johannes XXIII. erstrahlt das ideale Gegenbild zu diesem möglichen Zerrbild. Kaum jemand pflegte so leicht so gute Beziehungen zu allen Menschen ohne Unterschied wie er.

„Ich bin noch lebendig, gesund, kräftig", schrieb er. Er

besaß in der Tat eine robuste Bauerngesundheit. Nur ein einziges Mal – glücklicher Mensch! –, am 6. September 1900, berichtet er über ein starkes Kopfweh, das er wunderbar zu sublimieren verstand: „Heute war ein gesegneter Tag, an dem ich alles habe tun müssen, was mein Herr gewollt hat. Er hat mir ein starkes Kopfweh geschickt, und so habe ich, obwohl mein anderes Ich sich dagegen sträubte, das Studium aufgeben müssen; ebenso meinen ärmlichen Vortrag über das Heiligste Herz Jesu, den ich zu Ende bringen werde, wenn es Jesus gefallen wird ...“

Ein anderes Leiden verfolgte ihn hartnäckiger: das Mitleiden mit seiner Familie in Armut, und – eigenartigerweise – das Empfinden, als junger Kleriker im Talar in gewissen Kreisen gemieden, vielleicht wie ein wandelnder Vorwurf verstanden zu werden. „Die Sorgen um meine Familie bedrücken mich, aber ich will Mut fassen. Alles in Jesus und für Jesus, und dann komme, was mag ... Ich bin kaum drei Tage in den Ferien, und schon habe ich genug. Angesichts von soviel Elend, von soviel Mißtrauen umgeben und von Ängsten bedrückt, muß ich seufzen, manchmal sogar weinen. Wieviel Demütigungen! Ich möchte ja nur Gutes tun und alle aufrichtig lieben, auch die, welche mich nicht besonders zu mögen scheinen, und am Ende gar halten sie mich für einen ganz schlechten Kerl. Bisweilen kommt es mir vor, als ob die, welche sich für mich interessiert haben, die, denen ich voll vertraute, mich jetzt mit einem gewissen Mißtrauen anschauen, manche Dinge, manche Gesprächsthemen nicht berühren wollen. Das drückt mich sehr. Vielleicht bilde ich es mir nur ein. Ich hoffe es, ich wollte gerne dessen sicher sein, aber einstweilen muß ich eben leiden; ich leide, während ich glaubte, frohe Tage zu erleben ...“ Dies ist das Leiden eines jungen Menschen, der sich nicht voll aussprechen kann!

Im Jahre 1900 wurde der hoffnungsvolle Student ins Päpstliche Seminar in Rom befördert, wo er am 13. Juli 1904 das Doktorat in Theologie erhielt und am 10. August desselben Jahres zum Priester geweiht wurde. Er selbst hatte diesen Titel eines „Dr. theol." keineswegs erstrebt, wenigstens nicht bewußt. Er sah sich eher als einen guten Seelsorger in einer Landpfarrei, wie es seiner armen Herkunft entsprochen hätte.

Und doch stecken in jedem jungen Menschen geheime Träume über eine große Zukunft, vor allem in Rom, wo man im Vatikan die verlockende Stufenleiter der hierarchischen Ämter vor Augen hatte und viel davon reden hörte. Angelo war so ehrlich, das im Tagebuch zu vermerken: „Die Sorge, die mich in diesen Tagen am meisten bewegt, ist die um das Studium. Im Grunde ist alles nur Eigenliebe. Man glaubt kein wahrhaft großer Mann sein zu können, wenn man nicht ein erstrangiger Gelehrter ist ... Unser Professor für Kirchengeschichte gab uns gestern einen ausgezeichneten Rat, der ganz auf mich zugeschnitten ist: Lest wenig, aber lest gut! Wie viele Bücher habe ich im Laufe meines Studiums, in den Ferien, beim Militär gelesen! Was habe ich von all dem behalten? Nichts oder fast nichts. Ich habe ein heftiges Verlangen, alles zu wissen, alle bedeutenden Autoren zu kennen, über jede wissenschaftliche Strömung in ihren vielfältigen Richtungen im Bilde zu sein, und so lese ich einmal hier, verschlinge dann eine andere Schrift dort, und schließlich kommt soviel wie nichts heraus ... Heiliger Thomas von Aquin, während ich deine kostbaren Werke studiere, laß mich diese Wahrheit voll verstehen: Daß ich, wenn ich wirklich auf ganzer Linie ein tüchtiger Mann werden, mein Ideal voll erreichen und der Sache Christi und der Kirche nützlich sein will, mich um jeden Preis heiligen muß ... Ich möchte mich einem Spezialstudium widmen. Die Vorgesetzten erlauben es nicht. Nun gut, dann verzichte ich und bleibe fröhlich."

So wurde er hin- und hergerissen zwischen zwei Idealen, Studium und Heiligkeit, die er schwerlich in Einklang zu bringen vermeinte. Er hätte sich ruhig sagen dürfen: Nicht Heiligkeit oder Studium, sondern Heiligkeit im Studium!

Die Heiligkeit, wie er sie sich vorstellte, schien ihm so schwer erreichbar zu sein. Jedenfalls beklagte er sich immer wieder über die trockene Art seiner Frömmigkeit, insbesondere bei der heiligen Kommunion und bei der Betrachtung, wo er fast ständig zerstreut und lau dakniete. „Worin liegt der Grund dafür? Ich glaube mich nicht zu täuschen, wenn ich sage, daß es insbesondere der Mangel an Gleichmut war. Vor allem diese übertriebene Sucht zu studieren ist im Grunde nur darauf aus, im Examen einen guten Eindruck zu machen vor den profanen Augen der kirchlichen Stellen; und dann die geistliche Eigenliebe, die in Furcht und Angst vor der Drohung einer Abberufung vom Studium lebt. Es wäre das Ende rosiger Hoffnungen … Gott bewahre mich davor, das Studium zu unterschätzen. Aber was bin ich, wenn ich die Doktorwürde erreicht habe? Nichts, ein armer Unwissender. Was könnte ich mit ihr allein für die Kirche tun? Ich muß also meine Auffassung vom Studium etwas revidieren … Wenn ich sogar Papst wäre, was bin ich, wenn ich vor dem göttlichen Richter erscheinen muß, selbst wenn mein Name bekannt und von allen verehrt und überall in Marmor eingemeißelt wäre? Nicht viel …"

Aber solche selbstgefälligen Gedanken, die sich bis zur Möglichkeit der Erlangung des Papstamtes erstreckten, wurden von dem jungen Angelo in keinster Weise gepflegt und gehegt. Sie stellten sich einfach ein, wie die Zerstreuungen im Gebet, die man beim besten Willen nicht vermeiden kann, darum auch nicht tragisch nehmen, sondern sie ertragen und darüber lächeln sollte.

Auch später ging ihm immer wieder mal – wie wohl allen Menschen – die Phantasie durch mit der Vorgaukelung höherer Möglichkeiten, die er freilich immer sogleich entlarvte und auf das Wesentliche zurückführte. Als Bischofssekretär in Bergamo sagte er: „Ich will mich bemühen, mir über meine Zukunft keine Sorge zu machen und mich diesbezüglich von keinerlei Gerüchten, so wohlwollend und zutreffend sie auch scheinen, beunruhigen zu lassen. Ich bin arm geboren und werde und will arm sterben ... Was die Trugbilder anbelangt, die mir meine Eigenliebe vorspiegelt, in Ehren und hohen Stellungen und so weiter, bin ich sehr darauf bedacht, ihnen keine Bedeutung zuzumessen und sie zu verabscheuen. Ich muß demütig sein, demütig und demütig, und dem Herrn alles Weitere überlassen ..."; und als Apostolischer Delegat in der Türkei: „Wohl fehlt es in meiner Umgebung nicht an Stimmen, die flüstern: ‚Höher hinauf! Höher hinauf!' Solchen Schmeicheleien aber gebe ich mich nicht hin, die ja auch für mich eine Versuchung sind. Ich bemühe mich aufrichtig, diese trügerischen und hinterhältigen Stimmen zu überhören. Ich betrachte sie als Scherz, ich lächle und gehe darüber hinweg. Für das Wenige, das Nichts, das ich in der heiligen Kirche bin, habe ich schon meinen Purpur empfangen: die Schamröte darüber, diesen ehrenvollen und verantwortungsvollen Posten zu bekleiden, obwohl ich so wenig wert bin. Welch ein Trost, daß ich mich frei fühle von diesem Streben nach neuen Posten und neuen Ämtern. Ich betrachte das als eine große Gnade des Herrn. Möge er mir sie immer bewahren ..."

Kommen wir wieder zurück nach Rom, wo sich der Student Angelo Roncalli in immer neuen Anläufen bemühte, den Geist des Studiums mit dem des Gebets zu verbinden. „Die jugendliche, lodernde, unbezwingbare Begeisterung, von der ich, wie mir scheint, fast überschäume, um für die Belange Christi, für seinen glorreichen Triumph, für die neuen Formen der Entfaltung christlichen Lebens zum Wohl der menschlichen Gesellschaft einzutreten, ist eine an sich durchaus heilige Sache, aber zu unbestimmt und daher ein wenig gefährlich. Sie kann mir viel Zeit nehmen und dabei sehr wenig Erfolg bringen. Heute verlangt mein Gott von mir, daß ich – ohne diese heiligen Ideale aus dem Blick zu verlieren – meinen Eifer, meinen Drang, mein inneres Feuer auf alles übertrage und verwende, was dazu

dient, aus mir einen rechten Kleriker, den besten Seminaristen zu machen. Das ist heute meine Aufgabe, nichts anderes ... Aus den Zeichen und den unaussprechlichen Gnaden, die Gott meiner Seele von den ersten Lebensjahren an bis heute huldvoll gewährte, geht klar hervor, daß er für seine anbetungswürdigen Pläne mich heilig haben will, und zwar in der strengen Bedeutung des Wortes. Davon muß ich immer fest überzeugt sein. Das bißchen, das ich bis heute geleistet habe, das alles war nur ein Kinderspiel ..."
Auf diesem Weg der Heiligkeit gab es, was ganz normal ist, Hochs und Tiefs. Während der Exerzitien anläßlich der Subdiakonatsweihe 1903 redet er von seiner „geistigen Dürre und Verlassenheit": „... Ich habe kein Recht, mich bei Gott darüber zu beklagen, daß er mir Drangsale, geistliche Verlassenheit und dergleichen schickt. Wenn ich mich niedergeschlagen, verlassen und allein fühle, muß ich demütig das Haupt neigen, mich in rechter Weise damit abfinden und dann sagen: Ich habe es verdient, es soll geschehen. O Jesus, ich lobe dich, ich danke dir, ich liebe dich ..." Aber dann: „ Es hat meinem Herrn gefallen, nach drei Tagen der Verlassenheit und des Wartens, mir Gehör zu schenken und mir einen Lichtstrahl zu gewähren." Bei der Weihezeremonie selbst in der Basilika San Giovanni in Lateran „war mir, als erhöben sich die Päpste, Bekenner und Märtyrer, die in den schweigsamen Gräbern der großen Basilika ruhen, als umarmten sie mich brüderlich, aufjubelnd mit mir, und vereinigten sich im Chor mit den Engeln der Auferstehung, den Herrn Jesus Christus zu lobpreisen, der huldvoll ein so elendes Geschöpf zu solcher Höhe erhob ..."
Ähnlich klingt es bei der Priesterweihe am 10. August 1904. Tags darauf führte ihn der Vizerektor des Seminars nach St. Peter, wo der Neupriester seine erste heilige Messe feierte. „Welch seligen Trost empfand ich in dieser Messe! Ich erinnere mich, daß neben all den anderen Eindrücken etwas ganz Besonderes mein Herz bewegte: Eine große

Liebe zur Kirche, zur Sache Christi, zum Papst, eine vollkommene Hingabe meiner ganzen Person in den Dienst Jesu Christi und der Kirche, der Vorsatz, das heilige Gelöbnis, dem Stuhle Petri Treue zu bewahren und unermüdlich für das Heil der Seelen zu wirken. Wie im Traume verließ ich den Ort. Die Marmor- und Bronzestandbilder der Päpste im Innern der Basilika schienen mich damals mit neuer Bedeutsamkeit anzuschauen, so als wollten sie mir Mut und großes Vertrauen einflößen ..." Dies hat er nicht später als Papst rückblickend so geschrieben, sondern damals als Primiziant ins Tagebuch eingetragen, ohne zu ahnen, daß jene „Trugbilder von hohen Stellungen" einmal volle Wirklichkeit würden. Unterdessen blieb ihm nichts anderes, als sich auf jegliche Stellung gewissenhaft vorzubereiten, und alles andere Gott zu überlassen.

2. „Ein Motiv tiefster Abtötung, das freilich meinen Seelenfrieden nicht störte."

Auf den ersten Stufen der Karriere in Bergamo und Rom
1905–1925

Das erste Anrecht auf den jungen Dr. Angelo Roncalli meldete sein Bischof von Bergamo an, Msgr. Giacomo Maria Radini-Tedeschi (1857–1914). Bei einem Besuch in Rom im Januar 1905 verriet er dem Neupriester, über den er nur Gutes vernommen hatte, er werde ihn nach Abschluß des Studiums zu seinem Sekretär machen.

Dieser Bischof, ganz vom Geist der Sozialenzyklika „Rerum novarum" Leos XIII. geprägt, galt als einer der fähigsten und intelligentesten Persönlichkeiten des sozial engagierten Katholizismus. Er wurde für den jungen Sekretär zum Vorbild eines aufgeschlossenen und mutigen Seelsorgers und zum Ansporn für ein wachsames Beobachten der Verhältnisse der Arbeit in der modernen Gesellschaft mit ihrem unerbittlichen Profitdenken.

Auch Angelo selbst war von jenem Rundschreiben eingenommen. Er hatte schon als Theologiestudent am 15. Mai 1903 diesbezügliche Gedanken seinem Tagebuch anvertraut: „Die soziale Frage, die durch die Verhetzung der Menschen nicht nur eine materielle, sondern geistige Lebensfrage ist, die Klagen der Enterbten, die fieberhafte Arbeit der apostolischen Seelen, die Kämpfe, die Enttäuschungen, die Siege, das alles scheint für meine Aufmerksamkeit, für mein Interesse, für mein Streben und mein Handeln viel größere Bedeutung zu bekommen, wenn ich im Hintergrund des großen Gemäldes Jesus wie die aus dem weiten Meer aufgehende Frühlingssonne zu sehen vermeine. Sein Gesicht ist freundlich und sanft. Die Arme sind weit ausgebreitet, und das von strahlendem Licht umgebene Herz durchstrahlt alles ... O Jesus, wenn auch ich eines Tages mit deiner Hilfe etwas Gutes vollbringen kann, dann zähle auch mich zu den Scharen deiner Streiter. Ja, gib, daß ich mich in deiner Schule ernsthaft, gründlich und wirksam vorbereite, denn es gibt viele Gefahren, die Richtung zu verlieren. Möge der Tag schon bald, sehr bald kommen, an dem wir dich zur Freude aller, auf den Schultern des Volkes getragen, in die menschliche Gemeinschaft zurückkehren sehen …"

Nun war der Tag gekommen, an dem er in Zusammenarbeit mit seinem Bischof seine soziale Wachsamkeit verstärken und in konkrete Initiativen umsetzen konnte. Er wurde bald auch, nacheinander, Professor am Priesterseminar, Spiritual der Studenten, Organisator der Katholischen Aktion und der sozialen Bewegung, zusammen mit dem Bischof Gründer und Redakteur der Monatszeitschrift für den Klerus „La vita diocesana", die erste dieser Art für ganz Italien, sowie Gründer eines Studentenheimes. Es ist bezeichnend, daß die Bischofskonferenz der Lombardei, die für das 16. Centenarium des Mailänder Ediktes (Einstellung der Christenverfolgungen und Anerkennung der christlichen Religion 311) einen gemeinsamen Hirtenbrief über die Religionsfreiheit in der Schule herausgeben wollte, den 31jährigen Don Angelo mit der Abfassung betraute.

Er steht also eindeutig nicht bloß als ein sehr frommer Priester da, sondern ebenfalls als ein sozial sehr aufgeweckter Mann, und es stimmt keineswegs, was später gewisse Leute sagten, daß seine großen Sozialenzykliken „Mater et magistra" und „Pacem in terris" sich in diesem scheinbar so kindlichen Pontifikat wie Fremdkörper ausnähmen.

Als im Herbst 1909 in den Eisenwerken von Ranica, in der Nähe von Bergamo, ein Streik ausbrach, setzte Bischof Radini-Tedeschi als einer der ersten und großzügigsten seinen Namen auf die Spenderliste zur Unterstützung der Streikenden. Von vielen Seiten wurde das als ein Skandal betrachtet. Das beeindruckte den Bischof nicht, er ging seinen Weg weiter. Die verschiedenen sozialen Auffassungen wirkten sich auch bei den Parlamentswahlen von 1913 aus. Ausgerechnet in Bergamo, einem Zentrum der katholischen Wählervereinigung, zeichnete sich eine verhängnisvolle Spaltung ab zwischen dem konservativen Flügel und der jüngeren Schar der Fortschrittlichen, unterstützt vom Bischof und seinem Sekretär, die eine katholische, aber nicht klerikale Vertretung erzielen wollten. Die Spannung wurde noch verstärkt durch zahllose Verdächtigungen und auch Anschuldigungen, modernistische Ideen zu vertreten. Der Bischof mußte unverzüglich nach Rom gehen, um solche Verleumdungen richtigzustellen. Auch wenn er bei Papst Pius X. selbst volles Vertrauen fand, so litt er doch darunter, daß gewisse Instanzen im Vatikan den Denunzianten mehr glaubten als ihm.

Inmitten dieser Fülle von Aufgaben und Widerwärtigkeiten sorgte Don Angelo ängstlich dafür, daß sein Gebetsleben nicht zu kurz kam. Bei den jährlichen Exerzitien nahm er sich immer und immer wieder vor: „In der Regel werde ich um halb 6 Uhr aufstehen; auch wenn ich um halb 12 Uhr zu Bett gehe, habe ich sechs Stunden Schlaf, und das dürfte genügen ... Ich werde mich immer – und ohne Ausnahme – um halb 6 Uhr erheben, damit mir nie die Zeit zur Betrachtung fehlt. Dann Assistenz bei der Messe des Bischofs und Zelebration meiner eigenen. Nach dem Abendessen werde ich stets die Matutin mit den Laudes des folgenden Tages beten. Der Besuch beim Allerheiligsten Altarssakrament, im Hause oder anderswo, darf nie ausfallen. Vor allen Dingen Sammlung und Aufmerksamkeit beim Brevierbeten und beim Rosenkranz..."

Er kam das ganze Leben lang mit wenig Schlaf aus, notierte wiederholt, daß ihm sechs Stunden genügen, und ließ sich auch diese kurze Frist noch stören. Als Patriarch von Venedig z.B. berichtet er, er habe sich von Mitternacht bis morgens 6 Uhr mit der Abfassung der Predigt beschäftigt, die er am Nachmittag im Trauergottesdienst für Papst Pius XII. halten sollte. Oder als Papst: „Heute stand ich um halb 4 Uhr auf, ging in die Kapelle und betete die Matutin des Tages. O die Psalmen, was für ein Zauber, was für ein Streicheln des Geistes für den, der seine ganze Unwürdigkeit fühlt und seine Würde als Hirt der Weltkirche ..." Ein anderes Mal: „... Kaum lag ich im Bett, haben die Abendgedanken wieder Oberhand gewonnen, mir den ersten Schlaf vorenthalten und mich eingeladen, mich zu erheben, und so habe ich von 23 Uhr bis morgens 2 Uhr Ideen und Zusammenhänge aufs Papier gebracht für die Ansprache, die ich am 25. Januar zur Eröffnung der Synode halten werde ..."

Als Professor am Seminar unterrichtete er vor allem Kirchengeschichte, später auch Apologetik, dogmatische Theologie sowie Patrologie. Schon bevor er um seine spätere Anstellung wußte, hat er sich als Student 1903 auseinandergesetzt mit seiner Einstellung zur Theologie und ihrem Fortschritt: „Mein Studium der heiligen Wissenschaften und aller theologischen und biblischen Probleme wird stets in erster Linie darauf ausgerichtet sein, die überlieferte Lehre der Kirche zu erforschen und von dieser Grundlage aus die neuesten wissenschaftlichen Erkenntnisse zu beurteilen. Ich verachte keineswegs die Kritik, und erst recht werde ich mich hüten, feindselig gegen sie gesonnen zu sein oder es den Kritikern gegenüber an Respekt fehlen zu lassen. Ich liebe Kritik sogar und verfolge mit Spannung die neuesten Resultate ihrer Untersuchungen. Ich halte mich auf dem Laufenden über neue Gedankengänge, über ihre unaufhörliche Entwicklung und studiere die Tendenzen. Gleichwohl werde ich mich stets bemühen, in die Diskussionen, bei denen allzu oft unbesonnener Überschwang und blendender Augenschein die Oberhand gewinnen, Mäßigung hineinzutragen, Harmonie, Ausgewogenheit und Klarheit des Urteils, verbunden freilich mit einer klugen und umsichtigen Weite der Ansichten. In den strittigen Punkten werde ich lieber als Unwissender schweigen als kühne Behauptungen aufzustellen, die auch nur im geringsten vom Glaubenssinn der Kirche abweichen. Ich werde mich über nichts wundern, sollten auch gewisse Ergebnisse, die aber das heilige Glaubensgut nicht antasten, überraschend ausfallen. Die Verwunderung ist eine Tochter der Unwissenheit. Vielmehr tröste ich mich damit, daß Gott den heiligen Schatz seiner Offenbarung immer reiner und klarer hervortreten läßt …"

Diese offene Haltung kann man heute noch gelten lassen, wobei freilich nicht alle die gleichen Grenzen ziehen zwischen „heiligem Glaubensgut" und zeitbedingten Auffassungen. Dies zeigte sich damals, zu Beginn dieses Jahrhunderts, besonders stark, als man im Vatikan – anders als Professor Roncalli – geprägt war von Angst vor den Ergebnissen der Wissenschaften, die in vielem der kirchlichen Tradition – nicht unbedingt dem „Glaubensgut" – widersprachen; vor der Bibelkritik, die vieles in den Heiligen Büchern in Frage stellte; vor der kritischen Geschichtsforschung, die vieles an Überlieferungen als Legende entlarvte. Rom suchte zu dieser Zeit mit Autorität, aber ohne Gegenargumente, einen Damm gegen die modernistischen Strömungen aufzurichten und setzte mit antimodernistischen Maßnahmen z.B. „gefährliche" Professoren vom Lehramt ab und ihre Bücher auf den Index.

Für Professor Roncalli gab es von seiner traditionellen Erziehung und seiner tiefen Frömmigkeit her gar keine Frage: Er stand unerschütterlich zu Papst, Kirche, Glauben. In den Exerzitien von 1910 besann er sich auf seinen Standpunkt, den er nun eher enger fixierte denn damals als Student: „Der Herr schenkte mir während dieser heiligen Exerzitien eine besondere Einsicht in die Notwendigkeit, meinen ‚sensus fidei' (Glaubenssinn) und mein ‚sentire cum Ecclesia' unversehrt und rein zu bewahren. Er ließ mich in neuer, leuchtender Klarheit erkennen, wie weise und zweckmäßig und gut die päpstlichen Anordnungen sind, die darauf ausgehen, besonders den Klerus vor der Ansteckung durch moderne Irrlehren zu bewahren, die auf heimtückische und verführerische Weise die Fundamente der katholischen Lehre zu untergraben suchen ... Die schwere Aufgabe eines Lehrers im Seminar, die mir von meinen Vorgesetzten auferlegt worden ist, verpflichtet mich nicht nur, an die Reinheit meines eigenen Glaubens zu denken, sondern auch tiefe Sorge zu tragen, daß all mein Denken, das ich vor den jungen Klerikern entwickle, all meine Worte, mein ganzes Auftreten, durchdrungen sind von diesem Geist der Einigkeit mit der Kirche und dem Papst, so daß ich sie damit erbaue und sie erziehe, ebenso zu denken. Ich werde deshalb sorgfältig auf meine Ausdrucksweise achten und auch versuchen, den Alumnen den Geist der Demut und des Gebetes in ihrem heiligen Studium nahezubringen ...«

Diese absolute Loyalität zum Glauben in der Kirche hinderte ihn jedoch nicht, für den Geschichtsunterricht auch die Werke von L. Duchesne zu konsultieren, der zusammen mit Battifol und anderen bahnbrechende neue Ergebnisse über das christliche Altertum zutage förderte. Das reichte schon, daß einige besonders Ängstliche um die Rechtgläubigkeit Professor Roncallis bangten und über ihn üble Gerüchte verbreiteten. Er bemerkte im Tagebuch: »Zur Zeit gibt es viel Klatsch. Für mich kommt es darauf an, fest zu meinen Grundsätzen der Liebe, des Gehorsams und der Verehrung zum Heiligen Vater zu stehen. Alles, was diese Grundsätze in meinem Geist schmälern könnte, will ich meiden; durch den Klatsch werde ich mich nicht zerstreuen und noch weniger aufhalten lassen ...«

Es blieb aber nicht bloß bei Gerüchten, es wurde auch nach Rom rapportiert, was zur Folge hatte, daß Professor Roncalli, als er einmal wegen anderer Angelegenheiten in Rom weilte, von Kardinal De Lai eine Verwarnung erhielt, Vorsicht und Klugheit im Unterricht der Schrift anzuwenden. Der Kardinal fügte bei, er sage das aufgrund von präzisen Informationen. Die schriftliche Antwort Roncallis sollte dann alle Zweifel vertreiben. Der Angeklagte schrieb darauf im Tagebuch, daß „Don G. Mazzoleni, der zu jenen Zeloten gehörte, die damals in keiner Diözese fehlten", ihn verklagt hätte. Der Vorfall bedeutete „für mich ein Motiv tiefster Abtötung, das freilich meinen Seelenfrieden nicht störte." Als Papst ließ er sich dann aus dem Archiv der Glaubenskongregation seinen Zettel aushändigen, worauf er tatsächlich die Bemerkung vorfand: „Verdacht des Modernismus." Ein Trost für alle denunzierten Theologen von damals und heute.

Inzwischen war der Weltkrieg ausgebrochen, in den auch Italien verwickelt war. Angelo Roncalli hielt am 23. Mai 1915 im Tagebuch fest: „Morgen werde ich als Sanitäter zum Militärdienst einrücken. Wohin wird man mich schik-ken? Vielleicht an die Front? Werde ich wieder nach Bergamo heimkehren, oder hat der Herr bestimmt, daß meine letzte Stunde auf dem Schlachtfeld zerrinnen wird? Ich weiß nichts. Ich will nur eines: Immer und überall den Willen Gottes erfüllen und mich selbst zu seiner größeren Ehre aufopfern. So, und nur so glaube ich der Größe meiner Berufung gerecht zu werden und meine aufrichtige Liebe zum Vaterland und für die Seelen meiner Brüder mit der Tat zu beweisen …" Jetzt, wo es um das eigene Vaterland ging, verstummten offenbar seine antimilitaristischen Gefühle, die er vor der ersten Dienstzeit geäußert hatte. Er wurde dem Spital Bergamo zugeteilt, zunächst als Unter-offizier, dann am 28. März des folgenden Jahres als Ka-plan. Am 10. Dezember 1918 wurde er wieder entlassen.

Sein neuer Bischof – Bischof Radini-Tedeschi war am 22. August 1914 gestorben – ernannte nun Don Roncalli zum Spiritual des Seminars, um den jungen Theologiestuden-ten, die von der Front oder von der Kaserne zurückkehr-ten, beratend zur Seite zu stehen. Diese anerkannten seine Intelligenz und kluge Liebenswürdigkeit, mit der er die delikatesten Angelegenheiten anpackte.

In dieser Zeit gründete er auch das schon oben erwähnte Haus der Studenten, das ihm viel Freude, aber auch viele Sorgen finanzieller und personeller Art bereitete. Er bemerkt dazu: „Es gab Tage, da ich nicht wußte, was der Herr von mir in dieser Nachkriegszeit wollte. Jetzt besteht keinerlei Grund mehr zur Unsicherheit und Ausschau nach anderen Dingen: Das Apostolat für die studierende Jugend, das ist meine Hauptaufgabe, das ist mein Kreuz. Wenn ich mich zurückerinnere, wie und unter welchen Umständen und mit welcher Schnelligkeit dieser Plan der göttlichen Vorsehung mit Hilfe meiner Vorgesetzten plötzlich entwickelt wurde und jetzt in der Ausführung begriffen ist, bin ich ganz gerührt und gedrängt zu bekennen, daß wirklich der Herr hier wirkt. Wie oft, wenn ich abends die Begebenheiten des Tages zusammenfasse, die sich bei der Sorge für meine lieben jungen Menschen ergeben haben, fühle ich etwas in mir, was mich so erbeben läßt wie die beiden Jünger auf dem Wege nach Emmaus durch die Berührung mit dem Göttlichen ..."

Doch konnte er diesem Werk nicht lange vorstehen, denn er sollte auf Einladung von Kardinal van Rossum und mit Zustimmung des Papstes Benedikt XV. (dieser Papst war ein Schulkamerad von Bischof Radini-Tedeschi und hatte also über ihn von Don Roncalli gehört!) das Amt des Präsidenten des Höheren Rates der Päpstlichen Missionswerke für Italien übernehmen, das er am 18. Januar 1921 in Rom antrat.

Wie mit Bischof Radini-Tedeschi hatte Don Angelo auch jetzt wieder mit seinem neuen Vorgesetzten, Kardinal Wilhelm van Rossum, Glück. Ein gebürtiger Holländer, ein Mann mit einer überragenden Bildung, kühnen Ideen und mit dem nötigen Mut, sie durchzusetzen, seit 1918 Präfekt der römischen Kongregation De Propaganda Fide, wurde zum eigentlichen Erneuerer der katholischen Weltmission. Er vermittelte den Päpsten Benedikt XV. und Pius XI. die nötigen Informationen und Impulse für ihre Missionsenzykliken „Maximum illud" 1919 und „Rerum Ecclesiae" 1926, worin eine deutliche Abkehr vom „Europäismus", eine vermehrte Achtung der fremden Kulturen sowie eine eindeutige Förderung des einheimischen Klerus nahegelegt wurden, der einmal neben den Missionaren die volle Verantwortung im Missionswerk übernehmen solle. Infolgedessen legte der Kardinal dem Papst 1926 die Weihe der ersten einheimischen Bischöfe – sechs chinesische Priester – nahe sowie einen Brief an die eher widerspenstigen Missionare und Oberen in China mit der Aufforderung, diesen Akt ernst zu nehmen und als Beginn einer neuen Ära zu betrachten. Schließlich plante der Kardinal, die verschiedenen Missionswerke (der Glaubensverbreitung, für die Kinder, für die Priester), die in Frankreich, Deutschland und Italien entstanden waren und auch dort verwaltet wurden, zu reorganisieren und durch eine Zentralverwaltung in Rom besser zu koordinieren. Dazu eben berief er Don Roncalli. Dieser erlebte nun unter seinem neuen Vorgesetzten konkret, wie ein Mann, der die Zeichen der Zeit zu lesen verstand, für die Missionen eine weitreichende Wende zustande brachte. Er konnte natürlich nicht erahnen, wie er selbst 40 Jahre später eine ähnliche Wende für die gesamte Kirche auslösen würde.

Don Angelo, der schon nach zwei Monaten Rom zum „Päpstlichen Haus-Prälaten" ernannt wurde, hatte sich zwar nicht direkt mit den Missionsländern abzugeben, wohl aber die Heimatbasis der Missionstätigkeit neu zu beleben. Er sagt dazu: „Unter Schmerzen habe ich in Bergamo zurückgelassen, was ich so sehr geliebt habe: das Seminar, wohin der Bischof mich Unwürdigen als Spiritual berufen hatte, und das Haus der Studenten, das mir ganz besonders am Herzen lag. Ich habe mich mit ganzer Seele in mein neues Amt hineingeworfen. Hier muß und hier will ich bleiben, ohne nach etwas anderem zu streben, und dies um so mehr, als mir der Herr unaussprechliche Freuden schenkt ... Das Werk der Propaganda Fide ist für mich das Leben meiner

Seele und meines Lebens. Ihm gehören jetzt und immer mein Verstand, mein Herz, meine Worte, meine Feder, meine Gebete, meine Mühen, die Opfer, meine Tage, meine Nächte, in Rom und außerhalb …"

Er blieb in der Tat nicht im Büro sitzen, sondern besuchte landauf landab die verschiedenen Diözesen, um an Ort und Stelle die Päpstlichen Missionswerke zu beleben oder ins Leben zu rufen. Er reiste auch nach Frankreich, Belgien, Holland, Deutschland, um mit den dortigen nationalen Räten des Werkes der Glaubensverbreitung Kontakt aufzunehmen.

Es ist noch anzumerken, daß Don Angelo in den Jahren in Bergamo und auch später verschiedene kirchengeschichtliche Werke herausgab, eine Biographie über Baronius, den „Vater der Kirchengeschichte", eine über seinen Bischof Radini-Tedeschi, eine Darstellung des Seminars von Bergamo und über die Priesterseminare allgemein aufgrund des Konzils von Trient, ferner in zwei Bänden die Akten der Pastoralvisite des heiligen Karl Borromäus in Bergamo. – Wenn man etwa sagen hört, die Stärke des Roncalli-Papstes sei das Plaudern gewesen, so stimmt das im positiven, aber nicht exklusiven Sinn. Er besaß auch, wie es diese Titel belegen, die Gabe, gründliche Werke zu erarbeiten – und später auch sehr beachtliche Enzykliken herauszugeben.

3. „Eine einzige lange Folge von täglichen Nadelstichen und Verletzungen ..."

Apostolischer Visitator in Bulgarien. Apostolischer Delegat für die Türkei und für Griechenland 1925–1944

Nach vier Jahren guten Wirkens in Rom wurde Don Angelo am 3. März 1925 von seiner Ernennung zum Apostolischen Visitator in Bulgarien überrascht. Damit begann eine Phase von fast 20 Jahren in diesem Teil Europas, der eigentlich für die katholische Kirche scheinbar von geringer Bedeutung war und wohin kein vatikanischer Diplomat gern zog. Man hört deshalb nicht selten, Roncalli sei „abgeschoben, in die Verbannung geschickt" worden. Das stimmt keineswegs.

Don Angelo besaß nämlich von früher und von seinen jetzigen Jahren in Rom her in vielen Büros des Vatikans gute Freunde, und man weiß, daß im Vatikan „gute Beziehungen" nicht zu unterschätzen sind. Pius XI., der Don Roncalli bei den Forschungen in der „Biblioteca Ambrosiana" in Mailand kennengelernt hatte, wollte auf jenen heiklen Posten einen Mann senden, der verhandeln kann und nicht mit autoritärem Auftreten „Porzellan zerschlägt". E. E. Y. Hales, der die inneren Zusammenhänge des Roncalli-Lebens gut darstellte, urteilt zu Recht: „Rein menschlich gesprochen, verdankt Roncalli den Eintritt in die Laufbahn des päpstlich-diplomatischen Dienstes seinem Glück in persönlichen Beziehungen."

Obwohl die erste Aufgabe als Visitator eigentlich nur zeitlich befristeten Charakter hatte, auch wenn sie bald einen Dauerzustand bekam, „mußte" er zum Bischof geweiht werden, da ein gewöhnlicher Priester offenbar die Kirche nicht gebührend vertreten konnte. So wurde Don Angelo am 19. März 1925 in Rom zum Bischof mit dem Grad eines Erzbischofs geweiht. Als Wahlspruch nahm er die Worte

„Oboedientia et Pax" (Gehorsam und Friede), „die Cesare Baronius jeden Tag sprach, wenn er im Petersdom den Fuß der Petrusstatue küßte. Diese Worte beinhalten in etwa meinen Werdegang und mein Leben. Mögen sie für immer die Ehre meines armen Namens sein."

Während der Exerzitien vor der Bischofsweihe äußert der Erwählte folgende Gedanken: „Ich habe nicht nach diesem neuen Amte getrachtet und es mir auch nicht gewünscht. Doch der Herr hat mich mit so offensichtlichen Zeichen seines Willens dazu auserwählt, daß jede Weigerung eine schwere Schuld bedeuten würde. Er ist also verpflichtet, meine Armseligkeit zu verhüllen und meine Unzulänglichkeit auszugleichen. Das stärkt mich und gibt mir Ruhe und Sicherheit … Welch ein Schrecken für mich, der ich mich so armselig und voller Fehler in so vielen Dingen fühle, und welch ein Anlaß, immer demütig zu sein, demütig, demütig! Die Welt hat keinen Reiz mehr für mich. Ich will nur mehr Gott gehören, von seinem Licht durchdrungen sein, das sich voller Barmherzigkeit über die Kirche und ihre Seelen ergießt …" Die meisten Christen werden selbst kaum eine so gottselige Schau und Erfahrung haben. Aber man wird froh sein um Menschen wie Bischof Roncalli, die wie Licht aus einer anderen Welt auf diese Erde fallen.

Nun hatte er also seine Residenz aufzuschlagen: von 1925 bis 1934 in Sofia und von 1934 bis 1944 als Apostolischer Delegat in Istanbul. In Bulgarien machten die Katholiken nur ein Prozent der Bevölkerung aus, in der Türkei noch weniger. Es galt also, diese Minderheiten zu ermutigen und zusammenzuhalten, zugleich die Beziehungen zur Orthodoxen Kirche zu verbessern, wie auch die Achtung der weltlichen Machthaber, König Boris in Bulgarien und Präsident Mustapha Kemal oder Atatürk („Vater der Türken"), zu gewinnen.

Das gelang ihm erstaunlich gut. Die erste Bewährungsprobe hatte er zu bestehen, als König Boris nach seiner katho-

lischen Heirat mit einer italienischen Prinzessin in Assisi –
nachdem er alle verlangten Zusicherungen abgegeben hatte – die Zeremonie in der orthodoxen Kathedrale von Sofia
wiederholte und seine Tochter orthodox taufen und erzie-
hen ließ. Die Reaktion Pius' XI. fiel sehr scharf aus. Roncalli hatte diesen Protest zu übermitteln. Er tat dies „auf
seine Weise", so daß er weder die Freundschaft des Königs
noch seine eigene Stellung verlor. Er wurde von allen geschätzt und geliebt, und als er das Land verließ, um seinen
Posten in Istanbul anzutreten, wurde ihm ein großartiger
Abschied zuteil.

Trotzdem fühlte er sich in jenen Jahren oft sehr bedrückt.
In den Exerzitien 1926 klagt er seinem Tagebuch: „Seit
zwanzig Monaten bin ich nun Bischof, und wie es leicht
vorauszusehen war, brachte mir dieses Amt viel Kummer
und Sorge. Aber – es ist sonderbar – dieser Verdruß kam
nicht von den Bulgaren, für die ich tätig bin, sondern von
den Zentralorganen der kirchlichen Verwaltung. Es ist eine
Form von Kränkung und Demütigung, die ich nicht erwartet habe und die mich sehr schmerzt. Ich muß und ich
will mich daran gewöhnen, dieses Kreuz mit mehr Geduld
und innerer Gelassenheit zu tragen, als ich es bisher fertig-
gebracht habe. Besonders wachsam will ich sein, in meinen
Worten die Liebe zu üben. Auch vertrauenswürdigen und
verehrungswürdigen Menschen gegenüber muß ich sehr
zurückhaltend sein im Reden über Dinge, die mit besonders delikaten Bereichen meines Amtes in Beziehung stehen und die die Ehre anderer betreffen, insbesondere von
Personen von Rang und Würde. Auch wenn ich manchmal
in Stunden der Einsamkeit und Verlassenheit das Bedürfnis empfinde, mich auszusprechen, so werde ich bedenken, daß Schweigen und Milde Eigenschaften sind, die jeg-
liches Leiden um der Liebe Christi willen noch fruchtbarer
machen …"

In der Türkei wiederholte sich ungefähr dasselbe: „Daß
ein so großer Unterschied möglich ist zwischen meiner

Beurteilung der Situation hier und der Art und Weise, wie Rom dieselben Dinge einschätzt, das schmerzt mich; es ist dies mein einziges wirkliches Kreuz ..." Später noch spricht er rückblickend von der „Eintönigkeit jener Tage, die eine einzige lange Folge von täglichen Nadelstichen und Verletzungen" darstellten.

Armer Mensch! Sowohl in Bulgarien wie in der Türkei hatte er es mit den bekannten Spannungen zwischen Welt- und Ordensklerus zu tun, ebenso mit Bischöfen verschiedener Orden und Nationalitäten, folglich mit mangelnder Zusammenarbeit. Vor allem mußte er erfahren, daß Rom nicht einfach Rom ist, daß man dort in mehr als tausend Kilometer Distanz die Dinge „grundsätzlich" betrachtet, aber der konkreten Lage wohl zu wenig gerecht wird, ferner, daß man auch in den Büros der verschiedenen Dikasterien (Kongregation für die Orientalischen Kirchen, Kongregation De Propaganda Fide, Staatssekretariat) die gleichen Fragen von verschiedenen Standpunkten aus verschieden sieht. So plante z.B. der Papst selbst auf Anregung des Delegaten ein interrituelles Priesterseminar für die katholische und die orthodoxe Kirche; die Kongregation für die Ostkirchen aber widersetzte sich diesem Gedanken. – Erzbischof Roncalli fand sich mit diesen Gegebenheiten ab. Er ließ sich nicht verbittern, suchte in den „Stunden der Einsamkeit und Verlassenheit" nirgendwo Trost durch ungeziemende Anlehnung und förderte damit sein inneres Wachstum und sein äußeres Wirken. Aber daß er, der mit Kritik an der Kirche stets sehr zurückhaltend war, in seinem Tagebuch offen und wiederholt von diesen Belastungen spricht, bringt an den Tag, wie häufig und heftig er darunter litt.

Von Istanbul aus hatte er auch öfters nach Griechenland zu gehen und sich der dortigen Angelegenheiten anzunehmen. „Meine Mission in Griechenland ist für mich die schwierigste. Deshalb muß sie mir um so lieber sein ... Mein ständiger Schmerz, der mich oft insgeheim ängstigt, ist immer der gleiche und alte: daß es mir nicht gelingt, all das zu schaffen, was ich tun sollte, noch mich in dauernder Wachsamkeit zu halten, um die Trägheit meiner Wesensart zu überwinden, die mehr zur Geruhsamkeit neigt, zum langsamen Voranschreiten, obgleich ich immer in Bewegung bin. Diese Pein demütigt mich und macht mich traurig. Ich muß alles annehmen, was mir Grund gibt, mich zu demütigen, und muß es lieben. Aber ich darf nicht die Ruhe und den inneren Frieden verlieren. Das eben ist meine Marter ... Also neben den Nadelstichen von oben auch Nadelstiche von innen!

In Griechenland erfuhr er, wie tief unter den höheren Rängen der orthodoxen Geistlichkeit das Mißtrauen gegen Rom, das Gefühl für historisches Unrecht saß und wie beschwerlich demnach der Weg der Wiedervereinigung sein mußte. Um so mehr gab er sich Mühe, nicht über historische und dogmatische Fragen zu diskutieren, sondern in der gemeinsamem Spiritualität sich vor Gott eins zu wissen. Miteinander diskutieren führt auseinander, gemeinsames Beten zueinander. Er besuchte darum gern die Klöster in Griechenland – auch auf dem Berg Athos – und verweilte mehrere Tage dort. In seinem Tagebuch konnte er nie genug betonen, wie gewissenhaft er die Zeit der Betrachtung einhalten wolle. Aber er berichtet nie, was er da tat, was da in ihm vorging. Sein späterer Privatsekretär, Erzbischof Loris F. Capovilla, gab mir die Antwort: Er betrachtete nicht in der diskursiven, nachdenkenden Methode, sondern weilte einfach ruhig und gegenwärtig vor Gott, und er habe wohl etwas davon in den orthodoxen Klöstern gelernt.

In der Türkei erlebte er, wie Atatürk einen streng laizistischen Staat nach westlichem Muster aufbauen und somit auch den Islam als Staatsreligion entthronen wollte. So verbot er, in der Öffentlichkeit in religiösen Kleidern aufzutreten. Das richtete sich zunächst gegen die muslimischen Imame, betraf aber auch die katholischen Missionare und Schwestern. Der Apostolische Delegat gab Weisung, sich daran zu halten, und er kann im Tagebuch festhalten: „Auch die Sache mit der zivilen Kleidung wurde von meinem ganzen Klerus gut überstanden." Nur eine Schwesterngemeinschaft wollte sich nicht fügen und verließ das Land. Der Bischof verabschiedete sie im Hafen, aber bemerkte lächelnd: „Das nennt man desertieren."

Im übrigen lag ihm schon daran, guten Kontakt mit den isolierten Missionaren zu pflegen. Er besuchte sie häufig und ermunterte sie, das Volk zu lieben, die türkische Sprache zu lernen, auch für einige Gebete in den katholischen Kirchen diese Sprache zu verwenden, womit er wenig Anklang fand, zumal auch die römische Kongregation für die Ostkirchen sich gegenüber einer solchen Kundgebung der Sympathie für die islamisch-heidnischen Türken eher abgeneigt zeigte. Trotzdem verfügte Erzbischof Roncalli das für seine Kathedrale, und er selbst brachte es dazu, Türkisch zu lesen und einige geläufige Worte zu sagen. Er nahm sich immer wieder vor: „Ich werde mich mit noch mehr Sorgfalt und Ausdauer dem Studium der türkischen Sprache widmen. Ich fühle, daß ich das türkische Volk liebe, zu dem mich der Herr geschickt hat. Das ist meine Pflicht, ich weiß, daß der Weg, den ich bei meinen Beziehungen zu den Türken eingeschlagen habe, gut ist. Vor allem ist er katholisch und apostolisch. Ich muß auf diesem Weg weitergehen, in Treue, mit Klugheit, aufrichtigem Eifer, und zu jedem Opfer bereit."

Er kommt immer wieder auf diesen Vorsatz zurück: „Als Übung der Selbstverleugnung nehme ich mir ganz besonders das Studium der türkischen Sprache vor. Daß ich sie nach fünfjährigem Aufenthalt in Istanbul noch so wenig beherrsche, ist eine Schande … Ob ich es mit der Zeit schaffe? Das ist keine Frage. Meine Pflicht verlangt es, die Ehre des Heiligen Stuhles, das Beispiel, das ich geben muß, das genügt … Mit sechzig Jahren darf ich vor dieser Mühe nicht zurückschrecken. Man braucht nur einen guten, starken Willen, nichts weiter ... Sobald ich kann, werde ich Türkisch wieder aufnehmen. Ich tue das nicht, weil ich glaube, in dieser Sprache ein Schriftsteller werden zu können, aber einfach, um meine Pflicht zu erfüllen und meinen Nachfolgern ein gutes Beispiel zu hinterlassen ..." Nebenbei gesagt, frischte er hier auch sein Griechisch auf, um sich in die griechischen Kirchenväter zu vertiefen, und fing auch mit Englisch an.

Der Ausbruch des Zweiten Weltkrieges versetzte den italienischen Apostolischen Delegaten Roncalli in eine heikle Lage. Die Türkei suchte zwar die Neutralität zu wahren, aber ihre Sympathie stand auf der Seite der Alliierten, denen sie sich im Februar 1945 auch offiziell anschloß. Beim unaufhaltbaren Zerfall Deutschlands und Italiens litt natürlich Roncalli im innersten Herzen mit seiner Nation, mit ihm auch die Gruppe der italienischen Missionare in der Türkei. Aber der Apostolische Delegat wehrte sich peinlichst gegen jeden Nationalismus, „dem sogar die Priester verfallen sind ... Ich muß da sehr wachsam sein, sowohl in meiner Eigenschaft als Bischof wie auch als Vertreter des Heiligen Stuhles. Gegen die glühende Liebe zu Italien, die ich in meinem Herzen trage, ist nichts einzuwenden; sie jedoch in der Öffentlichkeit zu betonen, ist eine ganz andere Frage. Die heilige Kirche, die ich vertrete, ist die Mutter aller Nationen. Alle Menschen, mit denen ich in Berührung komme, müssen im Stellvertreter des Papstes die achtungsvolle Haltung gegenüber einer jeden Nationalität bewundern, Wohlwollen und Milde des Urteils, die allgemeines Vertrauen erweckt ... Wir alle sind mehr oder weniger am Nationalismus erkrankt. Der Apostolische Delegat muß von dieser Ansteckung frei sein und es auch zeigen ..." Angelo Roncalli gab nicht bloß diesbezügliche Weisungen aus, er kümmerte sich auch ganz konkret um die Auswirkungen des Krieges bezüglich der Gefangenen, Vertriebenen, Vermißten, Verfolgten. Es gelang ihm wiederholt, Ausreisevisa für Juden zu erhalten, die bereits zum Konzentrationslager verurteilt waren. Er hatte auch keine Hemmungen, selbst in die russische Botschaft in Istanbul zu gehen, um dort Auskunft über Kriegsgefangene einzuholen.

Im Blick auf diese Not stellte er sich auch die so oft zu hörende Frage: Warum läßt Gott das zu? Warum greift er nicht ein? In den Exerzitien 1940 gab er sich – und uns – die bleibende Antwort. „Manche maßen sich an, zu verlangen, Gott müsse diese oder jene Nation vor dem Krieg bewahren oder ihr – wegen der Gerechten, die in diesem Volk leben, und wegen des Guten, das auch dort geschieht – Unverletzlichkeit und den Sieg verleihen. Sie vergessen dabei, daß Gott die Nationen zwar geschaffen hat, die Bildung der Staaten aber dem freien Willen der Menschen überließ. Er hat allen die Gesetze friedlichen Zusammenlebens gegeben; das Evangelium ist dafür die Richtschnur. Nicht aber hat er den gläubigen Nationen, die insgesamt die heilige Kirche ausmachen, die Versicherung und das Vorrecht eines besonderen Schutzes gegeben ... Des Lebens Gesetz der Menschen und Völker ist die Gerechtigkeit und das universale Gleichgewicht, die Grenzen im Gebrauch der Güter und im Genußstreben sowie die Verwaltung der weltlichen Macht. In dem Maße, wie dieses Gesetz verletzt wird, ergibt sich dann die schreckliche und unerbittliche Strafe. Kein Staat entgeht ihr. Jeder zu seiner Zeit. Eine der schrecklichsten Strafen ist der Krieg. Er ist nicht von Gott gewollt, sondern von den Menschen, von den Völkern, den Staaten in der Person ihrer Vertreter. (Er wollte wohl nicht konkreter werden und die Namen „Führer" und „Duce" nennen!). Erdbeben, Überschwemmungen, Hungersnot und Pest sind Folgen blinder Naturgesetze, blind deshalb, weil die Materie weder Vernunft noch Freiheit besitzt. Die Menschen sind es, die mit offenen Augen den Krieg wollen, allen geheiligten Gesetzen zum Trotz, und darum ist er um so schlimmer. Der dazu antreibt und ihn schürt, ist immer nur ‚der Fürst dieser Welt', der nichts gemein hat mit Christus, dem ‚Fürsten des Friedens' ".

Damit spricht er das Problem der Sünde an. „Das Problem der Bekehrung der gottlosen und verderbten Welt ist eines der Mysterien, die meinen Geist am meisten beschäftigen. Ich bin nicht berufen, dieses Problem zu lösen. Es ist ein Geheimnis des Herrn. Auf mir, auf allen Priestern, allen Katholiken lastet die schwere Aufgabe, mitzuwirken an der Bekehrung der ungläubigen Welt ... Für die Ergebnisse sind wir nicht verantwortlich. Der einzige Trost, und er genügt zu unserer inneren Ruhe, ist das Wissen, daß der Herr weit mehr als wir um das Heil der Welt besorgt ist; er will die Seelen durch unser Mitwirken retten, aber im eigentlichen Sinne geschieht es durch seine Gnade; und seine Gnade wird zur richtigen Stunde nicht fehlen. Diese Stunde wird eine der freudigsten Überraschungen des Geistes sein, wenn er im Himmel verherrlicht sein wird ..."

In einem schönen Erlebnis entdeckte er ein Symbol für unsere eifrige Mitarbeit am Reiche Gottes: „Hier bei den Jesuitenpatres beobachte ich jeden Abend vom Fenster meines Zimmers aus eine Ansammlung von Booten auf dem Bosporus. Zu Dutzenden, zu Hunderten tauchen sie vom Goldenen Horn her auf. Sie treffen sich an einem bestimmten Punkt und entzünden dann ihre Lichter. Manche hell, manche weniger hell, ein farbenprächtiges, eindrucksvoll leuchtendes Bild. Ich dachte, daß auf dem Meer ein Fest aus Anlaß des Bairam (Abschluß der muslimischen Fastenzeit) stattfindet, das in diese Tage fiel. Aber es handelte sich um den gemeinsam organisierten Fang von Palamiten, großen Fischen, von denen es heißt, daß sie aus dem entlegensten Teil des Schwarzen Meeres kommen. Die Lichter scheinen die ganze Nacht, und von Ferne hört man die fröhlichen Stimmen der Fischer. Das Schauspiel ergreift mich. In der vergangenen Nacht setzte um 1 Uhr ein starker Regenguß ein; die Fischer aber blieben unermüdlich bei ihrer beschwerlichen Arbeit. Wie beschämend ist dieses Beispiel für mich, für uns Priester als ‚Menschenfischer'. Dieses Bild ist wie ein Gleichnis und eine Vision der Arbeit, des Eifers und der uns gestellten apostolischen Aufgabe. Laßt uns den Fischern am Bosporus nacheifern, Tag und Nacht, mit der brennenden Fackel arbeiten, jeder in seinem kleinen Boot, nach den Weisungen Jesu! Das ist unsere erste und heilige Pflicht …"

Angelo Roncalli hat nun selbst 19 Jahre in diesem Sinn mit Eifer in den drei Ländern Bulgarien, Türkei, Griechenland, an scheinbar undankbaren Posten, ausgeharrt und gearbeitet. Er hat nie nur im geringsten in Rom die Bitte um eine Versetzung, d.h. eine Beförderung laut werden lassen. Er kannte ja zur Genüge und bis zum Überdruß das Karriere-Denken in vatikanischen Kreisen. In einem Brief vom 11. November 1928 schrieb er von Sofia aus seiner Schwester Ancilla-Maria, er sei damals gern von Rom weggegangen, denn „es verdroß mich, dort die vielen kleinen menschlichen Armseligkeiten mitansehen zu müssen. Jeder sucht einen Posten zu erhalten und Karriere zu machen und ist mit dem Geschwätz darüber beschäftigt. Welch eine Herabsetzung des Priesterlebens, nur seine eigene Bequemlichkeit im Auge zu haben, statt um die Ehre des Herrn und das Kommen seines Reiches besorgt zu sein. Betet darum, daß Euer Bruder dem Ehrgeiz auf Ansehen in der Kirche und materielles irdisches Wohl immer fernbleibe!"

Rom hat dieses selbstlose Ausharren des Erzbischofs – trotz der Schwierigkeiten, von denen wir gehört haben – anerkannt und geschätzt. Als er von Bulgarien in die Türkei versetzt wurde, konnte er notieren: „Als der Heilige Vater mich hierher schickte, hob er ausdrücklich hervor, welchen Eindruck mein zehn Jahre langes Schweigen auf ihn gemacht habe, daß ich in Bulgarien blieb, ohne mich jemals zu beklagen oder den Wunsch nach etwas anderem auszudrücken. Ich hatte mir das vorgenommen, und ich bin glücklich, diesem Vorsatz treu geblieben zu sein." Nach vier Jahren Türkei konnte er dann berichten: „In diesem

Jahr hatte ich nur kurze Ferien, und diese wurden gestört von dem Gedanken, bald zurückkehren zu müssen. Als Ausgleich wurde mir in Rom beim Heiligen Vater, im Staatssekretariat und bei der Kongregation für die Ostkirchen ein überaus wohlwollender und ermutigender Empfang zuteil. Ich danke dem Herrn dafür. Das übersteigt meine Verdienste, ich arbeite doch nicht wegen des Lobes der Menschen …" Trotzdem tat natürlich auch ihm die Anerkennung durch die Oberen wohl.

Wenn er diese 19 Jahre so gut durchgestanden hat, dann auch, weil er nicht bloß in höheren, diplomatischen, steifen Kreisen umging, sondern immer und überall auch dem einfachen Volk ganz nahestand. „In meinen Beziehungen zu den Menschen – ob Katholiken oder Orthodoxe, Große oder Kleine – werde ich darauf achten, stets den Eindruck von Würde und Güte und Liebenswürdigkeit zu hinterlassen … Das gelang ihm mühelos. Es entsprach seiner ganzen Veranlagung und Geistigkeit. Er entdeckte bei diesen einfachen Menschen unterschiedslos so viele menschliche und geistliche Werte. Er hielt in seinem Tagebuch fest, daß die bulgarischen Bauern ganz wie die ihm bekannten Bauern in der Gegend von Bergamo lebten und daß sie Tugenden gleicher Art aufweisen. Ständig wiederholte er auch seine Bewunderung und Sympathie für die Türken. Aufgrund seiner warmherzigen Aufgeschlossenheit war er, wo immer er hinkam, beliebt. Man nannte ihn einfach „Vogliamoci bene" (Laßt uns einander wohlgesinnt sein), indem man einen seiner Lieblingssätze wiederholte. – Ob wohl auch wir für die Türken bei uns soviel Sympathie aufbringen?

Unerwartet trat eine richtige Hektik in diese langatmigen 19 Jahre. Am 6. Dezember 1944 erreichte ihn die private Mitteilung seiner Ernennung zum Apostolischen Nuntius in Paris, bestätigt am 22. Dezember durch das offizielle Dekret: am 23. Dezember Abreise von Istanbul, 24. bis 27. Dezember Weihnachten in Ankara und Packen der Koffer,

27./28. Dezember Flug über Kairo, Bengasi, Neapel nach Rom, 29. Dezember Audienz bei Pius XII., 30. Dezember Flug nach Paris, 1. Januar 1945 Überreichung des Beglaubigungsschreibens an General de Gaulle – und am gleichen Tag schon Sprecher des diplomatischen Corps für die Neujahrswünsche an den Präsidenten der provisorischen Regierung. Ein Diplomat muß in allen Gegebenheiten gefaßt bleiben und für alles gewappnet sein!

4. „Ich überlasse jedem das Übermaß von Schlauheit und sogenanntem diplomatischen Geschick ..."

Apostolischer Nuntius in Paris 1945–1952

Wie ist nur dieser plötzliche Sprung von einem eher unbedeutenden Posten auf eine der damals vier wichtigsten Nuntiaturen – neben Lissabon, Madrid und Wien – zu deuten, die auch als Sprungbrett für ein späteres Kardinalsamt galten? Es gibt hier wiederum Stimmen, die meinen, Pius XII. wollte General de Gaulle, der die Kirche wegen ihres Verhaltens während der deutschen Besatzung sehr kritisierte, durch eine so „naive" Person eine Ohrfeige erteilen. Ein solcher Streich wäre erstens einem Berufsdiplomaten vom Format Pius' XII. nicht zuzumuten, und zweitens widerspricht es eindeutig den Tatsachen.

Die Ernennung beruhte auf einer ganz persönlichen Entscheidung des Papstes – selbst zur Überraschung im Staatssekretariat. Bei der kurzen Audienz eröffnete er dem erstaunten Erzbischof: „Niemand hat Sie empfohlen. Sie haben niemandem dafür zu danken. Ich habe diese Wahl getroffen." Er hatte in der Tat die von Roncalli bisher gezeigten diplomatischen Fähigkeiten schätzen gelernt und wollte auf diesen schwierigen Posten einen Mann stellen, der es in Konflikten nicht mit Autorität „auf Biegen und Brechen" ankommen läßt, sondern mit Verhandlungsgeschick einer delikaten Lage begegnet.

Einmal mehr hat sich also Roncallis Grundhaltung als richtig erwiesen. Er schreibt dazu: „ ,Wer auf Gott vertraut, wird nicht zuschanden werden.' Die Ereignisse dieser letzten drei Monate meines einfachen Lebens bringen mich immer noch in Erstaunen und Verwirrung. Wie oft habe ich mir den guten Grundsatz in Erinnerung gerufen, mich um nichts zu sorgen und in bezug auf meine Zukunft nichts zu unternehmen! Wieder einmal hat mir mein Leitspruch ‚Oboedientia et Pax' Segen gebracht ...“ Gegenüber seinen Angehörigen, die sich an ihrem Bruder und Onkel sonnten, äußerte er sich ausführlicher: „Gestern Abend traf vom Vatikan ein Telegramm ein, daß der Heilige Vater mich zum Apostolischen Nuntius in Paris bestimmt hat. Ich traute meinen Augen nicht. Daß der Heilige Vater unter so vielen reifen, gelehrten und heiligen Prälaten gerade auf mich hier verfallen ist ..., ist gewiß ein Akt der Vorsehung, die sich der bescheidensten Kreaturen bedient, gerade soweit sie keine Ansprüche haben, um sie nach ihrem Plan zur Ehre Gottes arbeiten zu lassen ...“ In Paris angekommen, beschreibt er den staunenden armen Verwandten seine Nuntiatur in der Avenue President Wilson: „Wenn ich mich in meinem großen fürstlichen Palast sehe, der mir ganz zur Verfügung steht, mit einem prächtigen Auto, mit zwei Sekretären, drei Schwestern, drei, ja sogar fünf Personen zur Bedienung, ist keine Gefahr, daß ich mich in Hochmut versteige. Ich denke an Euch und ich werde traurig beim Gedanken, daß Ihr in dieser Zeit (es war die letzte Phase des Krieges!) viel leiden müßt ... Gott sei Dank, meine Gesundheit ist ausgezeichnet. Desgleichen meine innere Verfassung: soviel Arbeit! Ich lasse mich nicht umbringen, doch fühle ich mich wie ein Ertrinkender. Ich kann beinahe den Kopf nicht über Wasser halten ...“

Die politische Lage in Frankreich hatte sich inzwischen total verändert. Mit der hoffnungslosen Situation der deutsch-italienischen Armeen im Osten, Süden und Westen traten die Kräfte der Widerstandsbewegung in Frankreich an die Öffentlichkeit, und es begann die Jagd auf alle jene, die mit den Deutschen kollaboriert oder die Regierung Pétains in Vichy unterstützt hatten. Zu ihnen zählte auch ein ziemlich großer Teil der französischen Bischöfe, die es als ihre Pflicht erachtet hatten, in Loyalität zur Defacto-Regierung Pétains zu stehen. Die neue Regierung de

Gaulle verlangte nun die Absetzung von nicht weniger als 33 Bischöfen. Dem neuen Nuntius stellte sich diese Frage als eine der ersten Aufgaben. In Verhandlungen mit dem Außenminister Georges Bidault konnte er erreichen, daß man das Verhalten aller Angeklagten genauer untersuchte. Im Ergebnis blieb nur noch der Rückzug von drei Bischöfen notwendig.

Es kam dem Nuntius zugute, daß die neuen Kräfte vorwiegend überzeugte Katholiken waren, wie de Gaulle, Bidault, Schuman. Er hatte rasch ihre Herzen gewonnen, immer taktvoll, höflich, charmant, immer bereit, beide Seiten einer Frage zu sehen, manchmal auch bereit zuzugeben, daß Rom nicht immer recht gehandelt habe. Anläßlich des Todes des christlich-demokratischen Pioniers Marc Sagnier im Juni 1950 schrieb Roncalli an dessen Witwe einen reizenden Brief, um die bitteren Erinnerungen an jene schlimmen Tage von 1910 zu mildern, wo Pius X. Sagnier des Modernismus verdächtigt und seine Bewegung durch das Verbot seiner Zeitung „Le Sillon" schachmatt gesetzt hatte.

Schon in der Türkei hatte sich – wie wir gesehen haben – der Apostolische Delegat sehr um die Vertriebenen, Verfolgten, Flüchtlinge, Kriegsgefangenen bemüht. Über ihn wurden zahlreiche Suchaktionen geleitet. Seine Delegation dort bildete zusammen mit vatikanischen Vertretungen in Bern und anderen vom Krieg heimgesuchten Ländern ein wichtiges Glied in einem weltweiten Informations- und Suchdienst, den Pius XII. im Vatikan eingerichtet hatte. Als Nuntius in Paris galt nun Roncallis Sorge in besonderer Weise den deutschen und italienischen Kriegsgefangenen in Frankreich. Lagerbesuche, Suchmeldungen, Nachrichtenvermittlung zwischen den Gefangenen und deren Angehörigen, Büchersendungen und sonstige materielle Hilfe füllten einen guten Teil des Arbeitstages von Msgr. Roncalli. Er ebnete auch bei den französischen Militärbehörden die Wege dafür, daß gefangene Theologiestudenten aus den verschiedenen Lagern und gefangene Priester als Dozenten in Chartres zusammengezogen werden konnten, um dort ihr Studium wieder aufzunehmen. Er sorgte auch für die notwendigen Bücher und für Zusatzverpflegung.

Nuntius Roncalli war fortan bei allen Höhepunkten des kirchlichen und politischen Lebens in Frankreich eine gern gesehene Gestalt. Im Lauf der Jahre hat er 85 der 87 Diözesen des Landes persönlich besucht, nicht um sich feiern zu lassen, sondern um überall zu fragen, zu hören, zu ermutigen. In seiner Agenda, die er getreulich nachtrug, findet man durch alle Frankreich-Jahre hindurch monatlich an die zehn bis zwanzig Ausgänge zu offiziellen Anlässen, zu Meßfeiern, zu den geistlichen Zentren Frankreichs, Solesmes, Lourdes, Paray-Le Monial, Lisieux, wo er sich ganz in seinem Element fühlte; auch zu den historischen und kulturellen Stätten, wo er sich sehr interessiert zeigte, aber auch mit Vorliebe zu Kontakten mit den armen Pfarreien in der Banlieu, mit den Clochards unter den Seine-Brücken oder beim Mahl in den Armenküchen, zu den Arbeitern in Fabriken oder den Fischern am Strand, den Kranken in Spitälern, den Studenten in den Seminaren ...

Ein besonderes Ereignis stellte für ihn im Frühling 1950 die Reise nach Nordafrika (Algier, Tunis und Marokko) dar. In seinem Tagebuch vermerkte er kurz und knapp: „Die Reise nach Nordafrika hat mir das Problem der Bekehrung der Ungläubigen noch lebhafter ins Bewußtsein gebracht." An seine Familie berichtete er ausführlicher: „... Ich kann sagen – nicht für mich als Sohn des Battista Roncalli, sondern für den Stellvertreter des Papstes, der sich zum ersten Mal nach Französisch Afrika begab – ein wahrer Triumph der Verehrung des Heiligen Vaters und der Kirche von seiten so vieler Menschen. Vom 19. März bis zum 20. April eine Aufeinanderfolge unerwarteter und unvergleichlicher kirchlicher und staatlicher Kundgebungen. Am 10. April habe ich dann privat Marokko betreten, das ich für ein trockenes und ausgedörrtes Land hielt. Im Frühjahr ist es jedoch ein wirkliches Paradies auf Erden. Ich habe dort alle heiligen Städte des Islam besucht, die Orte, wo die Mauren einst die Christen als Sklaven hielten … In Bône gab es einen wirklichen Triumphzug; es ist die Stadt des heiligen Augustinus, in der ich neben einem glanzvollen Empfang im Rathaus am Abend zu einer Menge von 20 000 Personen sprach. Dabei sagte ich natürlich die gleichen Dinge, die man auch in Sotto il Monte sagt. Doch das ist das Schöne unserer heiligen Religion …"

Noch einmal taucht die Frage auf, ob die Stärke des Angelo Roncalli nicht das Plaudern gewesen sei. Er konnte sehr gut unterscheiden und zur gegebenen Gelegenheit auch den gediegenen Inhalt und den angemessenen Ton finden. Zum 10. Jahrestag des Abschieds von Paris gab Loris F. Capovilla 1963 einen Folioband von 282 Seiten heraus mit Predigten, Briefen und Ansprachen des Nuntius Roncalli. An erster Stelle findet man die diplomatischen Ansprachen, die er als Dekan des Diplomatischen Corps jeweils zum Neujahr dem Staatspräsidenten zu entbieten hatte. Nach dem ersten Amtsjahr, in welchem die Glocken endlich den Frieden und eine neue Hoffnung verkündeten, sagte er zu General de Gaulle u.a.: „Die Erfahrung der vergangenen zwölf Monate, wo wir Ihnen mit einer Sympathie folgten, die jeder von uns für Ihre Person und für das edle und liebe Land Frankreich spürt, das wir in dieser Zeit noch mehr kennenlernten, ist ein Motiv gemeinsamer Freude und Ermutigung, trotz gewisser Wolken, die durch den internationalen Horizont streichen, vorwärts zu blikken in die Zukunft mit einem Herzen voll Hoffnung … Nach dem furchtbaren Krieg, der die einen Rassen und Nationen gegen die anderen aufbrachte und eine unvermeidliche Folge von Ruinen und Leiden hinterließ, ist diese Einheit der zum geistigen und materiellen Wiederaufbau entschlossenen Willen bereits ein erfreuliches Vorzeichen eines glücklichen Erfolges. Dieser Einheit wider-

sprechen nicht die Verschiedenheiten der Meinungen bezüglich der Mittel und der geeignetsten Maßnahmen zur Herstellung des Gemeinwohles, wenn diese Meinungen, wie es der Fall ist, vorgetragen werden mit Loyalität und Anstand. Der wichtigste Faktor dieser Einheit ist vor allem ein hoher Geist des Verständnisses und der gegenseitigen Achtung, die begründet ist auf dem Gefühl der umfassenden menschlichen und christlichen Brüderlichkeit ..."
Ähnliche Gedanken der Einheit in der Vielfalt entwickelte er in der Ansprache zur Eröffnungsliturgie der UNESCO in Paris am 18. Juni 1951. Er erwähnte dabei, wie Paulus auf dem Areopag die Athener als besonders fromme Menschen ansprach, da sie sogar einen Altar hatten mit der Aufschrift: Einem unbekannten Gott. Dann erläuterte er das Geheimnis des einen Schöpfergottes, von dem alle Menschen herstammen und der darum keinem Menschen fremd ist, wie auch einige der alten Dichter sagten: „Wir sind von seiner Art", wie aber dieser eine Gott sich in Jesus Christus in besonderer Weise geoffenbart habe. Der Nuntius machte auch vor dieser Weltorganisation für Erziehung, Wissenschaft und Kultur im Dienst aller Menschen ohne Unterschied der Rasse und Religion diese vielsagende Bemerkung: „Es sei mir erlaubt, eine Anspielung an einen Zug meiner Erfahrung im diplomatischen Leben zu machen, die mich jedesmal, wenn sie sich erneuert, tief berührt. Wenn ich je zu Beginn des Jahres die Ehre habe, die Wünsche des Diplomatischen Corps dem Präsidenten der Republik darzubieten, ist es ganz natürlich, daß der Vertreter des Heiligen Stuhles in seine Worte einen Tropfen religiöser Inspiration einfließen läßt, die seinem Geist vertraut ist. Da habe ich beobachtet, daß unter den 70 diplomatischen Vertretungen, wovon nur 30 katholische, jene am aufmerksamsten den Worten der religiösen Inspiration lauschen, die Botschaften angehören, bei denen die buddhistische, konfuzianistische oder muslimische Tradition vorherrscht. Es gibt folglich gewisse grundlegende

Prinzipien moralischen und religiösen Charakters, die das vorrangige Erbe aller Völker ausmachen, auf die man sich einigt wie auf eine unausweichliche Grundlage eines gemeinsamen Lebens, um mit Erfolg eine wirkliche soziale Weltordnung in Gerechtigkeit und Frieden zu errichten ..." Gedanken, die ihm also jetzt schon am Herzen lagen, die er später als Papst noch eingehender und eindringlicher darlegen wird.

Bei den vielen Empfängen und Banketten zeigte sich Nuntius Roncalli stets locker und gelassen. Er verstand es vorzüglich, die oft steife Atmosphäre mit einem „bon mot" (geistreichen Witz) aufzulockern. In dem Buch „Ein Papst lacht" hat K. Klinger derartige Anekdoten gesammelt. Eine vornehme Dame, Gattin eines südamerikanischen Botschafters, lud eines Tages zu einem Gala-Diner ein. Exzellenz Roncalli hatte neben ihr, die ein tief ausgeschnittenes Dior-Kleid trug, den Ehrenplatz. Voller Beklemmung blickten die Gäste stets auf den Nuntius, wie er sich da verhalte, bis er die peinliche Stille durchbrach und rief: „Ich weiß gar nicht, warum alle Gäste immer nur auf mich schauen, wo doch meine Nachbarin, unsere charmante Gastgeberin, viel jünger und attraktiver ist!" – Bei einem Empfang im Pariser Elysée-Palast kam Nuntius Roncalli links vom sowjetrussischen Botschafter zu stehen. Dieser raunte ihm zu: „Wie denn, steht denn jetzt auch der Vatikan links?" Der Nuntius: „Ja, mich hat man hier links eingestellt, damit ich euch alle nach rechts – auf den rechten Weg – hinüberbringe!" – Als er, bereits Patriarch von Venedig, eingeladen war, die neue unterirdische Basilika von Lourdes einzuweihen, schickte Frankreich für ihn und seine Begleitung eine eigene Caravelle, eine der ersten Maschinen dieses berühmten Typs. Nach dem Flug fragte ihn ein Journalist nach seinen Eindrücken. Er: „Ich bin ein Routinier des Flugsports. Ich bin in meinem Leben mehr Kilometer geflogen als Lindbergh. Im Fliegen bereitet mir nur eines Verdruß: Wieder niederzusteigen zu den Sündern der Erde und die Reise, die mich dem Paradies näherbrachte, abbrechen zu müssen." – Robert Schuman sagte von Angelo Roncalli, als dieser zum Kardinal ernannt worden war und von Paris Abschied nahm: „Er war der einzige Mensch in Paris, in dessen Gegenwart man geradezu körperlich eine Empfindung von Freude verspürte."

Bei all diesen guten Sprüchen und der Sympathie, die ihn umgab, setzte er sich keine falschen Lorbeeren auf. Er stellte bei solchen Anlässen fest, daß andere Herren und Damen gewandter, eleganter, markanter auftraten. Er bemerkte dazu in seinem Tagebuch: „Ich lasse jedem das Übermaß an Schlauheit und sogenanntem diplomatischen Geschick und begnüge mich weiterhin damit, im Empfinden, Reden und Handeln gutmütig und einfach zu sein." Ein scheinbar ausgewogenes Urteil, das ihn über andere, die Schlaueren, lächeln ließ. Aber im Grunde äußert sich hier ein verborgenes Leiden an sich und seinen Grenzen, das ihn ein Leben lang begleitete. Während der glücklichen Paris-Jahre notierte er: „Es gibt Leute, die meiner armen Person mit Bewunderung und Sympathie begegnen; aber Gott sei gelobt, ich selber fühle mich über mich selbst erröten, über meine Unzulänglichkeiten und die Geringfügigkeit meiner Person auf einem so wichtigen Posten, auf dem der Heilige Vater in seiner Güte mich haben will und hält ..."

Im einzelnen klagt er sich an: „Die erste der Kardinaltugenden ist die Klugheit. Päpste, Bischöfe, Könige und Befehlshaber ringen mit ihr, und oft unterliegen sie. Sie ist die bezeichnende Tugend der Diplomaten. Ich muß mir diese Tugend besonders angelegen sein lassen. Am Abend eine strenge Gewissenserforschung; meine Redseligkeit verleitet mich oft zu Übertreibungen in meinen Äußerungen. Vorsicht, Vorsicht: Ich muß schweigen können und mit Maß zu reden verstehen. Ich muß mich zurückhalten können (und das auch wirklich tun), über Personen und Richtungen zu urteilen, sofern das nicht von meinen Vorgesetzten und aus schwerwiegenden Gründen verlangt wird

... Lieber weniger als viel reden und fürchten, zuviel zu reden ..." Diese seine Redseligkeit, an sich eine geschätzte Gabe, mußte er immer und immer wieder kontrollieren, daß er sie nicht mißbrauche. Schon als siebzehnjähriger Student hielt er sich vor: „Kurzum, auch heute bin ich gestolpert; Geschwätz hier und Geschwätz dort, man könnte glauben, ich sei der größte Redner der Welt. Nachher merke ich es gleich und bereue es, aber man muß eben vorher daran denken. Daß ich über andere Schlechtes geredet habe, glaube ich nicht; aber man muß immer auf der Hut sein. Das Ganze ist Eigenliebe, was da zum Vorschein kommt, ist immer die Sucht, Eindruck zu machen ..."

Ähnlich erging es ihm mit der Lust am Lesen: „Ich habe in meinem Zimmer all die Bücher zur Hand, die ich gerne lese. Alles Werke ernsthaften Inhaltes, die den Erfordernissen des katholischen Lebens entsprechen. Diese Bücher können allerdings eine Ablenkung sein und zu einem Mißverhältnis führen zwischen der Zeit, die ich vordringlich zur Erledigung der laufenden Angelegenheiten des Heiligen Stuhles und anderem verwenden muß, und der Zeit, die mir wirklich zur Lektüre freisteht. Hierin ist eine besondere Anstrengung nötig, die ich ganz auf mich nehmen will. Was nützen schon diese Wißbegier und Lesesucht, wenn dabei meine Pflichten als Apostolischer Nuntius vernachlässigt werden?"

Aus seiner Tätigkeit in Paris sollen von den 57 veröffentlichten Briefen hier nur zwei besonders erwähnt werden. Der erste vom 2. April 1949 an Papst Pius XII. zu dessen 50. Priesterjubiläum: „... Früher pflegte man den Papst ‚Salus Italiae' (Das Heil Italiens) zu benennen. Es fehlte da nicht an einer gewissen Befremdung wegen der universalen Bedeutung dieser Benennung. Heute nicht mehr. Das Heil weitet sich aus und weckt Echos auf dem ganzen Erdkreis. Darum nicht mehr ‚Salus Italiae Pontifex', sondern fortan ‚Salus totius mundi' (Heil der ganzen Welt) ... Mit einem Satz, der nicht glücklicher sein könnte, hat der große katholische Dichter Paul Claudel in einem seiner letzten Werke Sie genannt ‚Der Pfarrer des Universums'. Ausgerechnet heute habe ich diesen alten Propheten-Dichter beim Mittagessen der Armen getroffen, das zu Ehren Ihrer Heiligkeit angesetzt war; ich habe ihm diesen Satz in Erinnerung gerufen. Er strahlte und war sehr glücklich." An diesem Mittagessen hatten an die 3 000 Personen über 70, aus allen Pfarreien der Stadt, teilgenommen. Am 25. Dezember 1949 schrieb der Nuntius an alle Erzbischöfe und Bischöfe von Frankreich zum bevorstehenden Heiligen Jahr: „Die Freuden von Weihnachten und Neujahr finden uns diesmal vereinigt um den gemeinsamen Vater, der durch den feierlichen Ritus der Öffnung der Heiligen Pforte die katholische Welt einlädt, durch diese Pforte zu schreiten und mit ihm zu trinken aus den Quellen der universalen Erlösung … Mit diesem Wunsche hat der demütige Nuntius die Freude, als Unterpfand der Sorge des Papstes einen Cheque beizulegen, den Ihre Exzellenz gemäß der Intention des Papstes benützen möge für die ärmsten Priester und die unglücklichsten Kinder, welche der Vorliebe Unseres Herrn und seines Stellvertreters auf Erden sicher sein dürfen …"

So verstrichen die Jahre in Frankreich, und der Nuntius wurzelte sich immer mehr in den französischen Boden ein. Bei den Exerzitien 1947 gab er sich Rechenschaft darüber: „Mein längerer Aufenthalt in Frankreich erweckt bei mir immer größere Bewunderung für dieses große Land und aufrichtige Zuneigung für ‚nobilissimam Gallorum gentem – das sehr edle französische Volk'. Vor meinem Gewissen bemerke ich jedoch einen Widerspruch, den Widerspruch zwischen dem Lob einerseits, das auch ich den verdienten und lieben katholischen Christen Frankreichs gern spende, und meiner Pflicht als Nuntius andererseits. Ich darf nicht aus lauter Gefälligkeit oder Furcht, dadurch Anstoß zu erregen, Mängel übersehen und die wirkliche Frage bezüglich des religiösen Lebens, des ungelösten

Schulproblems, des Priestermangels, der Ausbreitung des Laizismus und des Kommunismus hier bei der ältesten Tochter der Kirche verschleiern. Meine klare Aufgabe in diesem Punkt ist lediglich eine Frage der Form und des Maßes. Ein Nuntius wäre sonst nicht mehr würdig, als das Auge und Ohr des Heiligen Stuhles zu gelten, würde er nichts anderes tun als loben und selbst das anerkennen, was schmerzlich und bedenklich ist ..." Und fünf Jahre später: „Großes Verständnis und Hochachtung für die Franzosen. Mein langjähriger Aufenthalt unter ihnen erlaubt mir, die hohen geistigen Qualitäten dieses Volkes und den Glaubenseifer der Katholiken aller Richtungen zu würdigen; gleichzeitig aber habe ich manche Mängel und Übertreibungen festgestellt. Das erfordert größere Behutsamkeit in all meinen Äußerungen. Es steht mir frei, mein eigenes Urteil zu bilden. Ich muß mich aber hüten, Kritik zu üben, und sei sie noch so geringfügig und verdient, denn sie könnte das feine Empfinden der Franzosen verletzen. Ja, wir sollten niemals einem anderen das antun oder sagen, was wir selber nicht angetan oder gesagt bekommen möchten... Eine Liebkosung ist besser als ein Peitschenhieb von wem auch immer ..." Er empfand es als sehr schwere und belastende Aufgabe, „hindurchzusegeln" zwischen Rücksicht und Pflicht.

Als er dem 65. Jahr entgegenging, machte er sich immer häufiger Gedanken über sein Altwerden und seinen Tod: „Ich darf mich der Tatsache nicht verschließen, daß ich entschieden dem Alter zustrebe. Der Geist wehrt sich dagegen und protestiert gleichsam, da ich mich noch so jung, rüstig, agil und frisch fühle. Ein Blick in den Spiegel allerdings genügt, um über meine wirkliche Verfassung zu urteilen. Das ist die Zeit der Reife. Ich muß also mein Bestes tun und bedenken, daß mir vielleicht nur noch wenig Zeit beschieden ist und ich schon nahe der Pforte der Ewigkeit stehe. Ezechias wandte sich, als der Gedanke des Todes auf ihn zukam, zur Mauer und weinte. Ich weine nicht ..."

Und wiederum: „Was mein Leben betrifft, so beherrscht mich in diesen Tagen vor allem der Gedanke an den vielleicht schon nahen Tod und meine Vorbereitung darauf. Im begonnenen 67. Lebensjahr muß man auf alles gefaßt sein. Heute morgen, am 12. Dezember, habe ich die heilige Messe ‚Um die Gnade eines guten Todes‘ gelesen. Während der Anbetung des Allerheiligsten Altarssakramentes am Nachmittag betete ich die Bußpsalmen mit den Fürbitten und auch die Sterbegebete. Ich glaube, es war eine gute Andacht. Ich werde sie ab und zu wiederholen. Das Vertrautsein mit dem Gedanken an den Tod wird dazu beitragen, die Überraschung zu mindern und zu mildern, wenn die Stunde wirklich gekommen ist … Ich werde mir oft die Worte des heiligen Paulus vorsagen, um danach zu leben: ‚Ich bin gestorben, und mein Leben ist verborgen mit Christus in Gott‘ (vgl. Kol 3,3). Dieser Zustand des mystischen Todes bedeutet, entschiedener denn je, die völlige Loslassung von allen Bindungen dieser Erde: von mir selbst, meinen Neigungen, Ehren, Erfolgen, meinen materiellen und geistigen Besitztümern, die völlige Indifferenz und Unabhängigkeit gegenüber allem, was nicht mit dem strikten Willen des Herrn in bezug auf mich entspricht …“

Besonders der Tod von lieben Freunden und Angehörigen versenkte ihn immer mehr in diese Gedanken. Am 1. Dezember 1952 schrieb er: „Neben den Rosen des heutigen Tages sogleich die Dornen. Die vergangene Nacht hatte ich an meine Angehörigen geschrieben, und heute Morgen erreicht mich die Nachricht, daß meine liebe Schwester Ancilla in Todesgefahr schwebt. So umhüllt die Traurigkeit mein Herz. Ancilla ist die liebste, die weiseste, die reifste meiner Schwestern. O Jesus, wie sehr leide ich, wie schwer fällt mir zu sagen: ‚Der Name des Herrn sei gepriesen!‘ Ich habe in der Kapelle geweint und geseufzt. Ich bin gewiß, daß diese Seele bald das Paradies genießen kann, aber die Loslassung von ihr wälzt mich um und macht mich zittern …“ Ancilla genas wiederum. Aber in den folgenden zwei Jahren starb sie mit zwei anderen Schwestern. Das blieb nicht ohne psychische Auswirkungen auf den Bruder Angelo: „Manchmal will der Gedanke an die kurze Zeit, die mir zu leben verbleibt, meinen Eifer verlangsamen. Mit Hilfe des Herrn wird es aber nicht so weit kommen. ,Zu sterben fürchte ich nicht, zu leben weigere ich mich nicht.' Der Wille des Herrn bleibt immer *meine Freude* ..." (hervorgehoben vom Schreiber.)

Für Angelo sollte die Stunde des Todes noch nicht so rasch schlagen. Im Gegenteil, Gott hatte mit ihm noch anderes, Höheres vor.

5. „Dieses Gefühl meiner Unzulänglichkeit, das mich keinen Augenblick verläßt ..."

Patriarch von Venedig 1953–1958

Auf Weihnachten 1952 traf – wie schon vor acht Jahren – für Nuntius Roncalli gute Nachricht ein. Papst Pius XII. überraschte ihn am 10. November mit der Bitte, die Beförderung zum Patriarchen von Venedig anzunehmen. Am 29. November folgte die Mitteilung von seiner Ernennung zum Kardinal nach. Am 15. Januar legte ihm Staatspräsident Vincent Auriol im Palais de l' Elysée den Kardinalshut auf, und am selben Tag bestätigte ihm der Papst die Versetzung nach Venedig.

Der Geehrte selbst kommentierte: „Welch eine Veränderung um mich her seit dem April des vergangenen Jahres, als ich im Schatten des Sacré Coeur auf dem Montmartre in Paris innere Sammlung suchte, bis zum Mai dieses Jahres, da ich mich hier am Fuße des Monte Grappa als Kardinal und Patriarch von Venedig befinde! Ich weiß nicht, wobei ich mehr verweilen soll: auf dem ‚Ich freue mich über das, was man mir sagte', oder bei meiner Verwirrung, die Gefühle der Demut und Hingabe an den Herrn in mir erweckt. Er ist es, der in Wahrheit alles getan hat und ohne mein Zutun, denn niemals hätte ich mir etwas so Hohes ausdenken oder erstreben können ..."

In Paris dankte der neue Kardinal dem Staatspräsidenten Auriol: „... Herr Präsident, die Geste, die Sie soeben an mir ausgeführt haben, indem Sie mir im Namen des Heiligen Vaters den Kardinalshut auflegten, ist für mich ein Glück, aber gleichzeitig, ich muß es gestehen, macht sie mich traurig, denn sie bedeutet, daß meine Aufgabe hier beendet ist und daß ich Frankreich verlassen muß. Dieser Abschied, glauben Sie es mir, greift mir mehr ans Herz, als der Anschein vermuten ließe ..." Der Staatspräsident seinerseits hob hervor: „… Sie haben unsere Provinzen mit einer sympathischen Neugierde durchwandert … Ich werde immer mit einer tiefen Rührung den Austausch unserer Ansprachen zum 1. Januar in Erinnerung behalten; Ihre Ansprachen werden für alle ein Beispiel von Weisheit, Takt und Freundschaft bleiben. Das Bedauern, das Ihr naher Wegzug in uns weckt und das auch von Ihren hohen Kollegen im Diplomatischen Corps geteilt wird, wird immerhin gemildert durch die Freude, die wir empfinden, in dem wir einen Kirchenfürst, der für die Angelegenheiten Frankreichs so offen war, unter – wie Sie soeben gesagt haben – den sicheren und aufrichtigen Freunden unseres Landes sehen dürfen …" Der Staatspräsident überreichte ihm dann den höchsten Orden der Ehrenlegion.

Nun zog dieser „Fremdenlegionär Gottes" nach 28 Jahren wieder in sein geliebtes Italien zurück, und sogar in seine engere Heimat, als Patriarch von Venedig, wobei dieser Titel in diesem Falle keine kirchenrechtliche Bedeutung mehr hatte, sondern bloß ein Ehrentitel war. In den östlichen Gebieten der Kirche besaßen mehrere Patriarchate, besonders angesehene Bischofssitze, als Zeichen der Einheit einen Vorsitz über eine entsprechende Region. In der westlichen Kirche behauptete der Bischof von Rom seine Stellung als einziger Patriarch des Abendlandes und darüber hinaus der gesamten römisch-katholischen Welt. An Venedig wurde im Mittelalter nur dieser Ehrentitel verliehen.

Für den Patriarchen Roncalli tat das nichts zur Sache. Er schätzte sich glücklich, in seinem Alter den Jugendtraum verwirklichen zu können und der unmittelbaren Seelsorge zu dienen. „Es ist interessant, daß die Vorsehung mich dorthin zurückgeführt hat, wo meine priesterliche Berufung ihren Anfang nahm, in den Dienst der Seelsorge. Heute stehe ich wirklich voll und ganz im Dienst an den Seelen. Eigentlich habe ich immer geglaubt, daß die sogenannte Diplomatie bei einem Priester von seelsorgerlichem Geiste erfüllt sein muß; anders ist sie bedeutungslos und wendet einen heiligen Auftrag ins Lächerliche. Jetzt habe ich es unmittelbar mit dem wahren Anliegen der Kirche zu tun, gemäß ihrer Bestimmung, die Seelen zu retten und sie zur Seligkeit zu führen. Das genügt mir, und dafür danke ich dem Herrn ... Ich denke nichts anderes als für die mir anvertrauten Seelen zu leben und zu sterben. ‚Der gute Hirt gibt sein Leben für seine Schafe – Ich bin gekommen, damit sie das Leben haben und es in Fülle haben‘ (Joh 10,11 und 10)."

Fortan steht nun seine Tätigkeit voll und ganz unter dem Leitbild des Guten Hirten des Evangeliums. Er nahm sich vor: „Ich möchte in den wenigen Jahren, die mir zum Leben verbleiben, ‚ein heiliger Hirte‘ sein, in der vollen Bedeutung dieses Wortes, so wie mein Vorgänger, der selige Pius X. ..." In diesem Sinn stellte er sich am 15. März 1953 beim Einzug in Venedig seinen Gläubigen vor: „Ich stelle mich euch demütig vor als mich selber, wie jeder andere Mensch auf dieser Erde: mit der Gnade einer guten physischen Gesundheit, mit ein wenig gesundem Menschenverstand, der mich die Sache rasch und klar erkennen läßt, mit Achtung vor meinem Recht und dem Recht der anderen, die mich hindert, anderen Schlechtes zu tun, wer immer es sei, und mich ermutigt, allen Gutes zu tun ... Also: Ein kleiner Mensch, ein demütiger Priester, aber vor allem ein Hirte. Jesus ist der ewige Hirte unserer Seelen und das Vorbild meines pastoralen Auftrages. Der universale Hirte ist der Papst, aber um ihn und mit ihm die Bischöfe und unter ihnen euer Patriarch. Als junger Priester hatte ich keine anderen Aspirationen, als Landpfarrer in meiner Diözese zu werden. Aber die Vorsehung hat mich andere Straßen geführt, bevor ich hierher kam. Aber in den vielfachen Aufgaben, die mir die Kirche anvertraut hat, im Kontakt mit Menschen anderer Religionen und anderer Rassen ist es meine beständige Sorge gewesen, die Seite des Guten Hirten zu zeigen, und ich bin dessen froh."

Es wird hier immer deutlicher die Akzentverlagerung sichtbar, die ihn als Bischof eigentlich kennzeichnete: nicht in erster Linie ein „Lehrer-Bischof" zu sein, sondern ein „Guter-Hirte-Bischof". Er gab auch seinen Priestern in einer Ansprache am 21. November 1957 die Mahnung: „Die Jugend sucht im Priester nicht den Sport- oder Filmspezialisten, auch nicht den Kritiker moderner Literatur oder gar den Reiseberater. Sie sucht den ‚pater et pastor', den Vater und Hirten, den auch ihr im Bischof sucht …"

Indem sich der Patriarch Roncalli gewissenhaft bemühte, diese Grundsätze in seinem ganzen Leben anzuwenden, konnte er viele gedrückte Menschen wieder aufrichten, manchem „gefallenen" Priester wieder Mut zusprechen. Freilich stand er da wiederum nicht selten vor dem Dilemma der gar nicht leichten Wahl zwischen Güte und Strenge, zwischen Nachsicht und Gesetz, zwischen eine Ausnahme machen, um dem Menschen wirklich zu helfen, und beobachten der Regel, um die Ordnung aufrechtzuerhalten.

Dieses Dilemma beschäftigte ihn immer wieder. Er gibt sich selbst Rechenschaft darüber: „Was soll ich von meinem Leben als Hirte – und eben das ist jetzt mein Leben – sagen? Ich bin froh darüber, denn es gibt mir tiefe Befriedigung. Es ist nicht nötig, daß ich strenge Vorschriften erlasse, um gute Ordnung zu halten. Mit aufmerksamer, geduldiger und langmütiger Güte gelangt man besser und schneller zum Ziel als mit Strenge und einer Peitsche. Hierüber täusche ich mich keineswegs und habe in dieser Frage keinen Zweifel. Aber es bedrängt mich der Gedanke, daß ich nicht alles sehen kann, mehr noch, daß ich nicht an alle herankomme, und die Versuchung, meiner friedliebenden Veranlagung nachzugeben und ein ruhiges Leben vorzuziehen, anstatt mich ins Ungewisse vorzuwagen … Einerseits sollte der Hirte vor allem ein *guter, guter Hirte* sein. Andererseits, ohne ‚Wolf' zu sein, riskiert er, wie der Mietling überflüssig und unwirksam zu werden, wenn er schläft.

O Jesus, du Guter Hirte, möge Dein Geist mich ganz erfüllen, damit mein Leben in seinen letzten Jahren Hingabe
und Opfer für die Seelen meiner geliebten Venezianer
sei ..."
In der Tat, der Patriarch von Venedig führte keineswegs
ein so beneidenswertes Leben, wie das der Tourist auf dem
Markusplatz vermuten könnte. Zu den gewohnten Problemen kamen neue hinzu: Die Zuwanderung in das Indu-
striegebiet des Festlandes um Mestre; die Schließung des
Marinearsenals mit der sich daraus ergebenden Arbeitslo-
sigkeit; der Mangel an Geldmitteln, um den unaufhörli-
chen Ansuchen um Hilfe entsprechen zu können, wie es
der besorgte Hirte gern getan hätte. Er notierte dazu im
Tagebuch: „Zwei schmerzliche Punkte habe ich bereits festgestellt inmitten so großen Glanzes kirchlicher Würde und
Verehrung als Kardinal und Patriarch: die Dürftigkeit der
bischöflichen Einkünfte und die Schar der Armen und ihr
Drängen um Anstellung und Unterstützung. Was die Einkünfte betrifft, so ist es mir nicht verwehrt, für mich und
meine Nachfolger die Verhältnisse zu verbessern. Es ist
mir aber lieber, dem Herrn für diese ein wenig beschämen-
de und oft peinliche Armut zu danken. Sie läßt mich dem
armen Jesus und dem heiligen Franziskus ähnlicher werden, und ich bin sicher, daß ich nicht Hungers sterben
brauche ..."
Mit dieser seiner persönlichen Liebe zur Armut wollte er
aber keineswegs die Schärfe der sozialen Probleme über-
tünchen. Er hatte schon immer den inneren Zusammenhang eingesehen zwischen dem Gedenken an den leidenden Jesus damals, was wir in den Kirchen immer neu
begehen, und dem leidenden Jesus heute, außerhalb der
Kirchen, in den Millionen von Menschen, die unter Hunger, Krankheit, Gewalt und Ausbeutung zu leiden haben,
mit denen wir, um redlich Eucharistie feiern zu können,
sehr verbunden sein sollen. Es ist bezeichnend, daß der
Patriarch Roncalli am 15. Nationalen Eucharistischen Kon-

greß in Lecce am 4. Mai 1956 in einem Vortrag das Thema behandelte: „Die heilige Eucharistie und das soziale Leben."

Natürlich war Patriarch Roncalli nicht einfach sein eigener Chef in Venedig. Er unterstand, wie alle Bischöfe, der Aufsicht Roms. In jenen Jahren übte Pius XII. sein Aufsichts- und Verfügungsrecht über alle Kirchen recht spürbar aus, vor allem in Italien. Er setzte damals seine große Hoffnung auf die vom Jesuitenpater Lombardi begründete Bewegung „Für eine bessere Welt", die der Gründer selbst mit seinem Charisma in vielen Ländern der Welt in hinreißenden Vorträgen bekannt machte. Der Papst verfügte, daß Pater Lombardi auch den Bischöfen der verschiedenen Regionen Italiens Exerzitien predigte. Nun aber stand Patriarch Roncalli dieser Bewegung eher skeptisch gegenüber, ebenso dem politischen Druck, den Pius XII. ausübte, indem er allen Bischöfen und Priestern vorschrieb, Katholiken, die kommunistisch wählten, die Sakramente zu verweigern. Ebenso sollte man verkünden, daß Kommunismus wie Sozialismus in der gleichen falschen Ideologie wurzelten und daß darum katholische Politiker allen Versuchungen zu widerstehen hätten, Bündnisse oder Übereinkommen irgendwelcher Art mit den Sozialisten abzuschließen, womit der linke Flügel der Democrazia cristiana liebäugelte.

Man kann leicht vermuten – und es wird auch bestätigt –, daß Patriarch Roncalli in seiner menschlichen Art, mit der er darauf bedacht war, in Venedig mit Leuten der verschiedenen Weltanschauungen auszukommen, diese Anordnungen des Papstes nicht schätzte. Als Papst wird er dann die Haltung Pius' XII. zum Kommunismus nicht beibehalten. Aber jetzt als Untergeordneter führte er die Verfügungen des Papstes durch. Das entsprach seinem Wahlspruch „Oboedientia et pax – Gehorsam und Friede", sowie seiner Rolle als Sprecher des Vatikans, in der er nicht Verkünder seiner persönlichen Meinung war.

Im vollen Bewußtsein der Problematik dieser Haltung versuchte er auch nach unten den Klerus in diesem Sinn bei der Stange zu halten. Er hatte bereits in Bergamo die Erfahrung gemacht, daß die vom Kirchenrecht vorgesehenen Diözesansynoden das Bewußtsein der Gemeinsamkeit stärkten und neuen Schwung in die Reihen brachten. So führte er jetzt in Venedig vom 24. bis 27. November 1957 die diözesane Synode durch, in der er dem gemeinsamen Dialog den gebührende Raum zugestand, aber zugleich betonte, daß „die Synode kein Parlament bildet", sondern sich immer im höheren Rahmen der Weisungen der katholischen Kirche und der hierarchischen Leitung verstehen muß. Man spürte hier noch wenig vom neuen Kirchenbild, das nicht mehr die Hierarchie im Zentrum sieht, sondern das Volk Gottes und Hierarchie in dessen Dienst, mit folgenreichen Konsequenzen an „demokratischer" Mitverantwortung der Laien. Das war ja nicht von Roncalli im voraus entworfen und durchexerziert und dann dem Konzil übergeben worden. Es reifte in jenen Jahren in den Köpfen der Theologen und ist dann von der höchste Autorität, dem Konzil, formuliert und promulgiert worden.

Unterdessen ließ Patriarch Roncalli dieser Entwicklung ihre Zeit und vertraute umso mehr der Vorsehung und der Kraft des Gebetes. Er nahm sich erneut vor, neben der Sorge um die äußeren materiellen Belange dem geistlichen Leben absolute Priorität zuzugestehen: „Mein Tag soll immer von Gebet getragen sein; das Gebet soll mein Atem sein. Ich habe mir vorgenommen, alle Tage den ganzen Rosenkranz mit allen 15 Gesätzchen zu beten, wenn möglich in der Kapelle, vor dem Allerheiligsten Sakrament, um so dem Herrn und seiner heiligsten Mutter die schweren Nöte meiner geliebten Söhne und Töchter aus Venedig und der Diözese anzubefehlen; den Klerus, die jungen Seminaristen, die gottgeweihten Jungfrauen, die Verantwortlichen des öffentlichen Lebens und die armen Sünder ..." Sogar als Papst gelang es ihm, dieser Übung treu zu bleiben und sich die nötige Zeit dazu vorzusehen: „Der Rosenkranz, den ich seit Anfang 1958 vollständig und andächtig zu beten mir vorgenommen habe, ist zu einer ruhigen Übung der Betrachtung und Konzentration geworden, die meinen Geist offenhält für das weite Feld meines obersten Lehr- und Hirtenamtes in der Kirche als gemeinsamer Vater aller Gläubigen ... Wenn ich an das denke, was neben mir und um mich herum vor sich geht, halte ich oft von alleine auf Kalvaria inne. Dort spreche ich mit dem sterbenden Jesus und seiner Mutter und kehre dann von Kalvaria zurück zum Tabernakel, zu Jesus im Sakrament. Das Brevier kann ich am besten an meinem gewöhnlichen Arbeitstisch beten und verkosten. Aber den Rosenkranz und die Betrachtung der Geheimnisse, nach der Intention, die ich seit längerer Zeit mit jedem Gesätzchen verbinde, bete ich am liebsten kniend vor dem Tabernakel ..."

So fand dieser alte Mann mitten im Trubel seiner Amtsgeschäfte immer wieder die Ruhe vor Jesus und machte stets einen frohen und zufriedenen Eindruck. Und doch begleitete ihn immer das Gefühl, mit dem Leben nie ganz zufrieden zu sein. So schreibt er in den Exerzitien 1956, also zwei Jahre vor der Wahl zum Papst, bereits auf einem seltenen Höhepunkt der kirchlichen Karriere, um die ihn viele hätten beneiden können, von „diesem Gefühl meiner Unzulänglichkeit, das mich keinen Augenblick verläßt."
Nicht äußerer Glanz fehlte ihm, sondern die Einsicht quälte ihn, nicht genügend in der Lage zu sein, „Tag für Tag die Milde, die Geduld, die Liebe zu üben, und das alles um jeden Preis, auch auf das Risiko hin, als ein Schwächling oder ein Niemand zu scheinen und beurteilt zu werden."
Also wiederum das Dilemma der Güte und der Strenge. Aber er ließ sich deswegen nicht verbittern, sondern dankte Gott dafür, denn „dieses Gefühl meiner Unzulänglichkeit ... bewahrt mich davor, eitel zu werden. Es ist eine große Gnade vor dem Herrn. Sie erhält mich in der Einfachheit und erspart es mir, lächerlich zu wirken ..." Man

spürt jedoch, daß diese Möglichkeit im Grunde ihn doch irgendwie belastete.

Dieses Gefühl der Unzulänglichkeit beschlich ihn ebenfalls, wenn er Ansprachen hielt, sich dabei hilflos vorkam und meinte, er langweile die Leute oder die Priester – die freilich nachher oft sagten, sie seien sehr beeindruckt gewesen. Ebenso entstand ein Gefühl der Unzulänglichkeit, wenn er jetzt im Alter seine Predigten und Ansprachen alle vorher schreiben mußte, was ihm schwerfiel. „Dazu kommt die Beschämung, die ich über mein geringes Wissen empfinde." Schon als Student litt er unter diesem Empfinden, „daß ich gewiß noch tausendmal hinter all meinen Kameraden zurückliege." Ein Trost für alle, die ebenfalls unter Minderwertigkeitsgefühlen leiden, in guter Gesellschaft zu sein!

Kein Politiker, z.B. kein US-Präsidentschaftskandidat, könnte mit solchen Aussagen Stimmen werben. Da muß man jemand sein, etwas gelten, seine Leistungen hervorkehren und große Versprechen machen, die man dann meist nicht einlösen kann. In der Kirche Gottes herrschen andere Gesetze. In Angelo Roncalli sehen wir ein wunderbares Beispiel, einen unwiderlegbaren Beweis dafür, daß es Gott den Kleinen offenbart (Mt 11,25), daß er die Niedrigen erhöht, an ihnen und durch sie Großes tut (Lk 1,48–52). Denn die eigentlich großen Dinge in Kirche und Welt sind nicht durch äußere Leistungen zu erbringen. Sie setzen Bekehrung der Herzen voraus, und das bewirkt Gott allein.

Dieser kleine alte Mann, der stets unter seiner Unzulänglichkeit litt, wurde am 28. Oktober 1958 unerwartet, zu seinem eigenen Erstaunen, auch zur Überraschung, um nicht zu sagen, Enttäuschung der ganzen Welt auf den höchsten Posten in der katholischen Kirche, auf den Papstthron, erhoben. Er bemerkte dazu lächelnd: „Papst kann jeder werden. Der beste Beweis bin ich", wie es A. Renzo in seinem neuen Buch über diesen Papst ausführt.

6. „Für einen armen Papst wie mich heißt es wachsam sein, verbessern und ertragen ..."

Papst 1958–1963

Der 28. Oktober 1958 wird in die Geschichte eingehen als ein überzeugender Beweis für die Richtigkeit der Aussage: „Der Mensch denkt, und Gott lenkt", oder: „Der Mensch fehlt durch Unterlassung, doch Gott schafft die Überraschung." Da saßen die Kardinäle seit vier Tagen im Konklave zur Papstwahl und wurden nicht einig. Sie standen vor einer schweren Aufgabe. Papst Pius XII. hatte seit sechs Jahren keine neuen, jüngeren, fähigen Kardinäle ernannt. Man kann sagen: eine fahrlässige Unterlassung! So war das Wahlgremium von 70 auf 53 gesunken, die Hälfte von ihnen älter als der 77jährige Patriarch Roncalli. Die französischen Kardinäle Gerlier und Liénard hätten gern Giovanni Battista Montini, Erzbischof von Mailand, aber noch nicht Kardinal, gewählt. Doch die Mehrzahl brachte nicht den Mut auf, einen Mann außerhalb der eigenen Reihen zu nehmen, obwohl nach dem Kirchenrecht sogar einer, der nicht einmal Bischof ist, gewählt werden könnte. Hingegen wünschte man nach dem strengen Lehrer Pius XII., von dessen autoritärem Kurienstil man genug hatte, allgemein „einen anderen Papst". So gab es ein langes Tauziehen.

Erst im elften Wahlgang erreichte Angelo Roncalli die erforderte Zweidrittelmehrheit. Als er feststellte, daß sich sein Schicksal besiegelte, äußerte er sich: „Man muß bei gebeugten Knien beten, daß das Konklave keine Katastrophe für die ganze Kirche werde." Aber gewählt, fügte er sich dem Willen Gottes und nahm die Wahl an mit den Worten: „damit alles Fleisch das Heil Gottes schaue" (Lk 3,6) – eine adventliche Hoffnung, die sich in diesem kurzen Pontifikat in erstaunlicher Weise erfüllen sollte. Er gab sich den Namen Johannes XXIII., zum Gedenken an Johannes den Täufer, den Vorläufer, der die Zeit der Verheißungen abschloß, und an Johannes, den Lieblingsjünger, der die Zeit der Erfüllung in Jesus im höchsten Maß erfahren durfte. Also – wohl unbewußt – zwei Gestalten der größten Zeitenwende! Ein drittes Motiv für diesen Namen: Der ehemalige Geschichtsprofessor wollte die Geschichte mit dem umstrittenen Gegenpapst Johannes XXIII. endgültig zu den Akten legen.

Als die Welt von dieser Wahl erfuhr, ging eine sichtliche Enttäuschung durch die meisten Gemüter: Mein Gott, was kann man von diesem alten, kleinen, dicken Mann Gutes für die Kirche erwarten? Auch Natanael fragte damals skeptisch: „Aus Nazaret? Kann von dort etwas Gutes kommen?" (Joh 1,46). Die Wähler-Kardinäle gaben selbst wie als Entschuldigung die Deutung aus, er sei nur als „Übergangspapst" zu betrachten, um die Kirche für ein paar Jahre im gewohnten Gang zu leiten, bis dann Montini nachkomme.

Aber jetzt traf die Aussage zu: „Gott schafft die Überraschung." Die Verlegenheitswahl wandelte sich plötzlich in ein Wunder. Schon nach wenigen Tagen schlug die Stimmung um. Bei der Krönungsfeier stellte sich der neue Papst mit den Worten Josefs von Ägypten vor: „Ich bin Josef, euer Bruder." Er wollte sagen: Habt keine Angst, ich bin einer wie ihr, einer von euch, ein Mensch unter Menschen, alle von Gottes Huld und Liebe umfangen. Er wußte sich eins mit der Schuld und Armseligkeit, aber auch mit der Hoffnung aller Menschen. In allen erblickte er Gesichter von Freunden, Gesichter von Brüdern und Schwestern. Diesen seinen Lieblingsgedanken wiederholte er bei allen Gelegenheiten – auch vor Protestanten, Juden, schlechthin vor allen Menschen. Bezeichnend und rührend waren die Worte, die er bei der Erlangung der Unabhängigkeit von Kongo-Brazzaville an den dortigen Erzbischof richtete. Nachdem er den Fortschritt der Missionsarbeit geschildert hatte, fuhr er fort: „So sind Wir überzeugt, daß die christlichen Gemeinden einen der schönsten Edelsteine in der Krone der Kirche darstellen, trotz der Schwächen, die mit der menschlichen Natur verbunden sind. Denn die Unermüdlichkeit der göttlichen Gnade, die wie der mächtige Strom Eures majestätischen Kongo ist, wird jeden Flekken und jegliche Unreinheit wegwischen, wenn man nur demütig und beharrlich darum bittet ..."

Diese Einfachheit und Zugänglichkeit nach dem vornehmen Pius XII. und dieses Wohlwollen wirkten Wunder. In wenigen Wochen und Monaten hatte er die Sympathie der ganzen Welt gewonnen. Auch Kreise, die bisher aus ihren Gründen in kritischer Distanz zum Papsttum standen, fingen an, sich für diesen Papst zu interessieren. Es zeigte sich, daß schlichte Frömmigkeit und wohlwollende Menschlichkeit für die Kirche mehr bewirken als apologetische Verteidigung von Lehren und zentralistische Verfügung von Zucht und Ordnung.

Bei der Krönungsfeier ließ er die traditionelle Huldigung der Kardinäle durch Kniefall noch geschehen, aber erklärte gleich hernach entschieden: „Das will ich absolut nicht mehr haben." Er hatte ebenfalls Hemmungen, beim Einzug in die Basilika wie ein Triumphator auf der „Sedia gestatoria" getragen zu werden, aber ließ es dann doch geschehen mit der Begründung, daß sonst die vielen Leute ihn, den kleinen Mann, nicht sehen könnten. Den Trägern sagte er lächelnd: „Damals wurde ich auf den Armen des Vaters getragen. Wenn ihr mich jetzt tragt, sagt mir das, daß ich von den Händen des himmlischen Vaters getragen bin."

Er fand mit seinen einfachen Worten und seiner schlichten Güte bei allen Schichten der Bevölkerung Anklang, bei Bauern, Arbeitern, Journalisten, wie bei den höchsten Regierungsvertretern. Beim Empfang der englischen Königin Elisabeth und ihres Gemahls Prinz Philip verstand er es, sofort den richtigen Ton zu finden und alle höfische Steifheit zu brechen: „Majestät, ich kenne die Namen Ihrer Kinder, aber ich würde sie gern von Ihnen selber hören: Auf den Lippen einer Mamma erlangen sie eine unaussprechliche Süßigkeit." Er gab dann zu jedem Namen seinen Kommentar: „Anne, welch schöner Name, er bedeutet Gnade, auch meine Mamma hieß so … Charles: Das erinnert mich an den großen Seelenhirten und Kardinal von Mailand, über den ich einige geschichtliche Bücher herausgegeben habe. Ihm empfehle ich den jungen Kronprinzen … Andrew: Da wiederhole ich so gerne die Worte der Liturgie: Dilexit Dominus Andream in odorem suavitatis … (Der Herr liebte Andreas wie einen süßen Wohlgeruch)." So sprach er auch zu anderen Müttern. Im Geiste sah er dabei alle Kinder der Welt vor sich, und er dachte dabei an das dritte Gesätzchen des freudenreichen Rosenkranzes: Die Geburt Jesu.

Einfache Leute sagten von ihm: „Er ist ein wirklicher Christ!" Er selbst gab für die Ausstrahlung, die von ihm ausging, eine einfache Erklärung: „Gott hat mir zwei Augen und einen Mund gegeben." So konnte er alle Menschen mit Liebe anschauen und zu ihnen mit Liebe reden. Er bildete sich darum gar nichts ein. Er betonte immer: „Mein demütiges und nun langes Leben hat sich entwickelt wie ein Knäuel unter dem Zeichen der Einfachheit und Reinheit. Es macht mir nichts aus anzuerkennen und zu wiederholen, daß ich nichts bin und nichts gelte als ein reines Nichts. Der Herr ließ mich aus dem armen Volk geboren werden und hat an alles übrige gedacht. Ich habe ihn machen lassen." So konnte er in Gelassenheit allem entgegensehen und entgegengehen, was auf ihn zukam. Auf der letzten Seite seines Tagebuches trug er ein, daß er Gott besonders für drei große Gnadenerweise zu danken habe, an erster Stelle, daß er „in Einfachheit die Ehre und die Last des Pontifikates annehmen" konnte. Er schreibt auch vom „ständigen Bereitsein, auf die Überraschungen Gottes einzugehen, der für seine Auserwählten sorgt, aber es oft für gut hält, sie durch Leiden zu erproben." Aus dieser Haltung heraus verfiel er auch keineswegs der Hektik, sondern gab nach wie vor der Frömmigkeit den gebührenden Raum, nicht als Ablenkung von den vielen Problemen, sondern als unverwüstliche Hoffnung bei allen Problemen. Ein Jahr nach seiner Wahl notierte er: „Dieses Bewußtsein, für alle da zu sein, wird vor allem mein fortwährendes und unaufhörliches Gebet lebendiger werden lassen: Brevier, heilige Messe, vollständiger Rosenkranz, treue Besuchung Jesu im Tabernakel, die liturgischen und vielfältigen anderen Formen inniger und vertrauter Vereinigung mit Jesus." Es wäre noch zu erwähnen, daß er nach wie vor wöchentlich zur Beichte ging und sich mit sechs Stunden Schlaf begnügte.

Trotz dieser Grundhaltung überwältigte ihn natürlich in den ersten Tagen im vatikanischen Palast ein gewisses Bangen: Wie soll er diesem Riesenapparat vorstehen? Wie soll er den Kalten Krieg mit dem unheimlichen Wettrüsten auf beiden Seiten beendigen? Wie soll er den Hunger in der Dritten Welt beseitigen? Er konnte einige Nächte nicht schlafen. Da fiel ihm ein, Jesus würde zu ihm sagen: „Johannes, nimm dich nicht zu wichtig!" Und er fand die Ruhe wieder.

K. Klinger hat in seinem Buch „Ein Papst lacht" eine Fülle solcher Anekdoten gesammelt, von denen die meisten wahr, andere erfunden, andere aufgebauscht, aber alle treffend für den Geist des guten Papstes sind. Schon im Titel ereignet sich ein totaler Szeneriewechsel: Man hat bisher die Päpste nie lachen, sondern nur mit ernster Miene lehren sehen, wie man auch Jesus eigentlich nur traurig, mit der Dornenkrone und Tränen auf den Wangen oder auch mit zornigem Gesicht bei der Tempelreinigung abgebildet hat. Und doch: Wenn Jesus zornig sein konnte, konnte er gewiß auch herzhaft lachen, nicht bloß lächeln. Das konnte an sich auch von den Päpsten gelten. Aber sie wurden bis dahin vom Hof und vom Amt in eine feierliche Kleidung gesteckt, zu einem feierlichen Gebaren angehalten und z.B. zum immer alleine Essen verurteilt. Johannes XXIII. ließ sich von diesen Gepflogenheiten nicht binden. So lud er diese und jene Bischöfe, diese und jene Verwandten zum Essen ein. Er lachte und machte lachen. Dadurch wurde er rasch der populärste Papst der Kirchengeschichte.

Einige Anekdoten aus Klingers Buch sollen dies verdeutlichen: An der ersten Weihnacht im Kinderspital fragte der Papst am ersten Bett: „Wie heißt du?" Der Kleine antwortete: „Angelo." „Auch ich hieß einmal Angelo", gab der Papst zurück, „aber jetzt hat man mir einen anderen Namen gegeben." Ein anderer Junge antwortete auf die Frage nach seinem Alter, er sei neun Jahre alt. Der Papst: „Ich bin zwar ein paar Jahre älter, aber dennoch haben wir beide den gleichen Vater, nämlich den lieben Gott." – Es war üblich, daß, wenn der Papst in den vatikanischen Gärten spazierte, sich keine Besucher, auch keine Arbeiter, dort aufhalten durften. Er verordnete aber: „Das will ich nicht mehr so haben, ich benehme mich doch nicht unanständig." Wenn er dann also erschien, nahmen die Arbeiter zuerst vor ihm Reißaus. Er rief sie zurück, ließ sie gar nicht erst vor ihm niederknien, sondern fragte gleich nach ihren Familienverhältnissen. Einer sagte: „Wir haben zwölf Kinder." Der Papst: „Wir waren auch zwölf Kinder zu Hause. Und alle sind Landarbeiter, nur ich nicht." Dann wollte der Papst wissen, wie hoch ihre Entlohnung sei. „Was, nur 1 000 Lire am Tag? Davon kann doch keine kinderreiche Familie leben. Wo bleibt denn da die Gerechtigkeit? Laßt nur, Wir werden das ändern." Noch am gleichen Tag setzte im Vatikan eine allgemeine Überprüfung der Lohn- und Gehaltslisten ein. Der Papst belehrte den verantwortlichen Verwalter: „Wir können nicht immer von anderen die Beobachtung der kirchlichen Soziallehre verlangen, wenn wir sie in unserem eigenen Bereich nicht verwirklichen." Auch bei den Trägern der „Sedia gestatoria" erkundigte er sich nach dem Gehalt, blickte dann auf seine rundliche Gestalt und erklärte wohlwollend: „Die sollen eine Zulage für päpstliches Übergewicht bekommen." – Beim Empfang des US-Präsidenten D.D. Eisenhower las der Papst die Ansprache auf Italienisch vor, legte aber am Anfang und am Schluß seine Englischkenntnisse an den Tag: „Dear Mister President ... God bless you" und fügte wieder auf Italienisch hinzu: „Ich gebe mir Mühe, Englisch noch besser zu lernen. Ich besuche eine Abendschule und bin sogar der beste in der Klasse – denn ich bin der einzige Schüler." Der Präsident krümmte sich vor Lachen, wie es in einem Photo durch die ganze Welt ging.

Aber Spaß beiseite! Johannes XXIII. nahm sich schon auch ernst. Wie er sich bereits in Venedig als guter Hirt verstanden und verhalten hatte, so auch jetzt. Am Krönungstag erklärte er: „Der neue Papst möchte vor allem in sich selbst jenes leuchtende Bild des Guten Hirten verwirklichen, wie es uns vom Evangelisten Johannes beschrieben wird." Zitate vom Guten Hirten und vom Vater, der den verlorenen Sohn mit Freude aufnahm, finden sich fast in all seinen Ansprachen und Dokumenten. Man kann auch sagen: Er verstand sich als „Pfarrer der Welt". So schrieb er: „Seitdem mich der Herr, elend wie ich bin, zu diesem großen Dienst berufen hat, fühle ich mich keinem privaten Bereich in diesem Leben mehr zugehörig, weder Familie noch Heimat ... Meine Familie ist die ganze Welt. Dieses Gefühl universaler Zugehörigkeit muß meinen Verstand, mein Herz und mein Tun bestimmen und beleben ..."

Es kam ihm zugute, daß neben ihm große Männer an den „Schalthebeln" der Politik standen, die nach der Katastrophe des Weltkrieges eine neue Weltordnung aufzubauen versprachen: de Gaulle, Schuman, Adenauer, de Gasperi, Kennedy, Nehru. So sehr er ihre Pläne anerkannte und unterstützte, zählte er selber nicht zu den Plänemachern. Nach drei Jahren Erfahrung im päpstlichen Dienst gab er sich darüber Rechenschaft: „Es ist nicht nötig, Phantasie und Sorge auf Zukunftsgebäude zu verwenden. Der Stellvertreter Christi weiß, was Christus von ihm will; es ist nicht nötig, daß er ihm mit Ratschlägen zuvorkommt oder ihm fertige Pläne vorlegt. Eine fundamentale Regel für das Verhalten des Papstes ist es, sich stets mit dem gegenwärtigen Zustand zu begnügen und sich nicht mit der Zukunft zu beschweren, die soll er vom Herrn erwarten, ohne darüber Berechnungen anzustellen und menschliche Vorsorge zu treffen; er hüte sich selbst davor, im Ton der Sicherheit und Leichtfertigkeit mit irgendwem darüber zu sprechen ... Darum: Unbedingte Hingabe an Gott, was die Gegenwart angeht, und völlige Ruhe, was die Zukunft betrifft ..." So konnte er am Schluß als zweiten großen Gnadenerweis erwähnen: „... die Tatsache, daß mir einige einfache und unmittelbar realisierbare Ideen gekommen sind, die keineswegs kompliziert, sondern ganz einfach, doch von großer Tragweite und Bedeutung für die Zukunft sind und unmittelbar Erfolg haben. Heißt es doch: Die guten Eingebungen des Herrn aufnehmen, in Einfachheit und voll Vertrauen."

Man kann von diesen zwei verschiedenen Verhaltensweisen nicht die eine als gut, die andere als schlecht bezeichnen. Im Idealfall vereinigen sie sich in derselben Person, wenn auch mit verschiedenen Akzenten. Im übrigen hat Angelo Roncalli seine unerschütterliche Gelassenheit, sein unerhörtes Gottvertrauen nicht einfach als untätiges Übersich-ergehen-Lassen verstanden. Wir werden bald sehen, wie er in seinen Enzykliken auch Zukunftsvisionen aufstellte und als Programm an die Welt richtete. Dabei konnte man seine eigenen Ideen und die göttlichen Inspirationen gar nicht auseinanderhalten. Diese wirken beim gottvertrauenden Menschen völlig in Einheit und Harmonie zusammen.

Wenn wir die Amtshandlungen in der ersten Phase dieses Pontifikates unter die Lupe heutigen Denkens nehmen, erscheinen sie keineswegs weltbewegend, sondern eher „konservativ", wobei der Papst selbst betonte, daß wir ein kostbares Erbe zu „bewahren" haben. So machte er schon am ersten Tag nach dem Einzug in den Vatikan eine Liste von 23 zu ernennenden Kardinälen, worunter natürlich an erster Stelle der Mailänder Erzbischof Montini, aber auch eine Reihe seiner Freunde und Kollegen waren, denen er nun eine persönliche Gunst erweisen wollte. Er verfügte ferner, daß der heilige Josef im Hochgebet der Eucharistie täglich erwähnt werde. Er verbot die Bewegung der Arbeiterpriester in Frankreich wegen der Gefahr, daß sie sich zu sehr der Welt anpassen und ihr inneres Gebetsleben zu kurz kommen könne. Er unterschrieb das Dokument „Veterum sapientia", in dem Latein nach wie vor für die Liturgie und den Theologieunterricht als verpflichtend vorgeschrieben wurde. Er ließ – wie schon in Bergamo und Venedig – in Rom eine Synode durchführen und bestätigte lobend die Beschlüsse, obwohl der Dialog dabei zu kurz gekommen war und manche disziplinarischen Verfügungen noch im wahrsten Sinn vorkonziliär waren. Es wurde z.B. erneut festgelegt, daß Priester, die an einem öffentlichen Strand baden oder in ein öffentliches Kino gehen, für drei Tage suspendiert sind und dann zur Beichte gehen müssen, um die Lossprechung zu erhalten. Dabei mußte der Papst wissen, daß in Rom damals bereits an die 1 000 ausgetretene Priester lebten, daß also Verbote und Barrieren in der Regel wenig fruchten.

Etwas wirklich Weltbewegendes ereignete sich indes schon am 25. Januar 1959, als Johannes XXIII. zum Abschluß der Gebetswoche für die Einheit der Christen in der Basilika „San Paolo fuori le Mura" völlig unerwartet erklärte, er habe beschlossen, eine Diözesansynode der Stadt Rom, die Feier eines ökumenischen Konzils und die Modernisierung des Kirchenrechts durchzuführen. Der genaue Wortlaut der Rede, die frei gesprochen wurde, läßt sich nicht mehr ermitteln. Die vatikanische Kurie reagierte mit kalter Reserve in der instinktiven Einsicht, daß ihre absolutistische Macht durch das Konzil gefährdet werde – was genau dem Hintergedanken des schlauen Bauernsohnes entsprach. Im „Osservatore Romano" gab man nur ein kurzes Communiqué durch und „korrigierte", verharmloste einzelne Sätze der päpstlichen Rede. P. Hebblethwaite fällte das Urteil: „So begann der Prozeß, das Konzil herunterzuspielen, noch am selben Tag, an dem es angekündigt wurde."

Die Welt nahm die Ankündigung mit Überraschung und Freude auf. Der Papst betonte nachher wiederholt, daß das nicht Ergebnis seiner historischen Studien gewesen sei, sondern eine plötzliche Eingebung des Heiligen Geistes. „Der am meisten Überraschte über meinen Entschluß war ich selbst, ohne daß irgendwer mir eine Andeutung gemacht hätte." Man hat inzwischen herausgefunden, daß dies nicht wörtlich verstanden werden darf. Schon Pius XI., vor allem Pius XII., unter dem Einfluß von P. Lombardi, hatten sich Gedanken über die Fälligkeit eines Konzils gemacht. Aber sie hatten nicht den Zünder gelegt. Auch im Konklave war von einem Konzil die Rede gewesen, und er, Johannes, hatte sich in den drei Monaten bis zur Ankündigung intensiv mit dem Gedanken befaßt. Sein damaliger Privatsekretär Loris F. Capovilla berichtet in einem Buch: „Ich war unter den Ersten, denen der Papst mitteilte, er habe im Sinn, das 21. Ökumenische Konzil durchzuführen. Das war am 2. November 1958, also fünf Tage nach seiner Wahl. Ich zeigte keine Begeisterung dafür, so daß der Papst mir eine verdiente Lektion erteilte: ,Dein Mangel an Begeisterung kommt von deiner Sorge, dein Vorgesetzter könnte eine schlechte Figur machen. Solange jemand sein Ich nicht unter seine Füße gesetzt hat, ist er nicht frei.' " Der Sekretär gestand, daß er nicht diese große Freiheit, diesen großen Glauben, diese große Einfachheit besaß, die Voraussetzung sind für große Unternehmungen.

Der Papst hingegen besaß diese Voraussetzung und folgte insofern einer „plötzlichen Eingebung des Heiligen Geistes", als er den Gedanken nicht vor sich herschob, sondern ihn bei der ersten günstigen Gelegenheit als Beschluß verkündete. Er glaubte also, daß der Heilige Geist dem Papst nicht nur beistehe zur Wahrung der Unfehlbarkeit – die er übrigens nie in Anspruch nahm! –, sondern auch und vor allem für die Entscheidungen zum richtigen Handeln, für die zuversichtliche Deutung des Laufes der Geschichte.

Vom 25. Januar 1959 bis zur Eröffnung des Konzils am 11. Oktober 1962 verstrichen gut drei Jahre der inneren und äußeren Vorbereitung auf das große Kirchenereignis. Der Kardinal-Staatssekretär hatte im Auftrag des Papstes als Präsident der Zentralkommission unter ihm zehn Vorbereitungskommissionen mit je einem Kurienkardinal als Präsident. Diese beriefen die Mitglieder, vorwiegend aus der „römischen Schule". Sie hatten die Arbeitspapiere (Schemata) aufzustellen, die dann im voraus den Bischöfen zugeschickt wurden. Kardinal Franz König von Wien bat seinen theologischen Berater, Prof. Karl Rahner, um eine Begutachtung. Dieser legte auf langen Seiten dar: Diese Schemata hören sich an „wie Exzerpte aus Römischen Schuldogmatiken, Thesen, wie man sie auch im 19. Jahrhundert hätte formulieren können … in scholastischer Schulsprache, ohne jede strahlende Werbekraft … Sie stellen in fast allen Punkten nur die Wiederholung dessen dar, was schon definiert ist. Warum wird das alles wiederholt, wenn es doch für die katholischen Gläubigen selbstverständlich und für die Protestanten und Nichtchristen nicht genügend in der Weise gesagt wird, daß es für diese verständlich und werbend wirkt?" Kurz: Eine solide, aber auch zugleich sterile Theologie, die nicht auf die heutigen Fragen eingeht, darum nicht weiterführt und eigentlich ein neues Konzil überflüssig macht.

Das ließ nichts Gutes ahnen. Das Feuer der Begeisterung, das die Ankündigung des Konzils entfacht hatte, war jetzt am Verglimmen. Dem Papst mußten solche Echos zu Ohren gekommen sein. Aber er blieb zuversichtlich und sagte sich im Stillen: „Wenn das Konzil beginnt, nimmt es dann die Sache schon in die Hand, und es wird gut ausgehen." Er selbst unterließ keine Gelegenheit, um für das Konzil zu werben und seine Grundintentionen, die er vorhatte, bekannt zu machen. Schon bei der ersten Audienz, die er den Kurienmitgliedern gab, betonte er, er wolle ein pastorales Pontifikat und brauche darum auch eine pastoral gesinnte Kurie. Er faßte seine Vision des Konzils in dem Wort „aggiornamento" (Heutigwerdung, Erneuerung) zusammen. Er meinte damit, in der modernen Welt habe sich soviel verändert, weshalb sich auch die Kirche und das Leben der Gläubigen entsprechend wandeln müssen. Man müsse unterscheiden zwischen dem, was heiliges Erbe, ewiges Evangelium sei, und dem, was von Klima, Temperament und zeitlichen Umständen abhänge. Erst wenn die Kirche das „aggiornamento" vollzogen habe, könne sie sich den getrennten Brüdern zuwenden und ihnen sagen: „Seht, was die Kirche ist, wie sie aussieht." Erst wenn die Kirche in gesundem Sinne verjüngt und modernisiert erscheint, könne sie den getrennten Brüdern sagen: „Kommt zu uns!" Andernfalls verliere man sich in endlosen Diskussionen, die zu nichts führen.

Das gleiche drückte er auch mit Bildern aus: Man müsse die Fenster öffnen und frische Luft hereinlassen; man müsse nicht ein Museum bewahren, sondern einen blühenden Garten pflegen; die Bischöfe würden dann „wie zu einem neuen Pfingsten" zusammenkommen und sich die Forderung Christi zu eigen machen, die „Zeichen der Zeit" (Mt 16,4) zu erkennen. „Wir glauben nämlich, in all der großen Finsternis nicht wenige Anzeichen zu sehen, die eine bessere Zukunft der Kirche und der menschlichen Gesellschaft erhoffen lassen."

Über das Denken und Planen hinaus rief er bei allen Gelegenheiten die Gruppen von Pilgern, Seminaristen und Schwestern zum Beten auf. Er selbst gab das gute Beispiel und zog sich einen Monat vor Konzilsbeginn in den Turm

„San Giovanni" in den Vatikanischen Gärten zurück, um sich hier in stiller Einkehr auf sein Konzil vorzubereiten und einzustimmen.

Nachgetragen werden muß, daß er schon fast ein Jahr vorher in sein Tagebuch eingetragen hatte: „Ich bemerke in meinem Körper den Anfang irgendeiner Störung. Das ist in meinem Alter wohl ganz natürlich. Ich ertrage es in Frieden, wenn sie mir auch bisweilen lästig wird, auch weil ich fürchte, sie könnte sich verschlimmern. Es ist nicht gut, darüber viel nachzudenken. Aber trotzdem fühle ich mich zu allem bereit." In der Tat, diese „Störung" erwies sich als Krebs, der, als es klar wurde, dem Kranken nur noch ein knappes Jahr Zeit ließ, um seine vielen Pläne auszuführen.

Diese letzte Spanne mit zunehmenden Beschwerden, Schmerzen, Müdigkeit, Erbrechen – da konnte er vor dem Privatsekretär hie und da ungeduldige, auch heftige Worte äußern. Aber gleich wieder lächelte er, und zuletzt vor dem Sterben sagte er ihm: „Verzeihe mir, wir alle haben unsere Fehler." – sollte nun sein Werk zur vollen Entfaltung bringen, zu dem, was E.E.Y. Hales in seinem Buch „die große Wende, die johanneische Revolution" nennt.

Als erstes „Sensatiönchen" wurde von der Weltpresse sein Tagesausflug in der Eisenbahn nach Loreto und Assisi am 4. Oktober 1962 hochgespielt, zwei Stätten, die allen Italienern und vielen anderen heilig sind. Damit markierte der alte Mann den Beginn einer Reisetätigkeit der bisherigen „Gefangenen im Vatikan", die unter seinen Nachfolgern ausgedehnt und zur Selbstverständlichkeit werden sollte. Diese originelle Idee war ihm erst einige Tage zuvor eingefallen, als er in der Lateran-Basilika mit den franziskanischen Ordensgemeinschaften das 1250. Jubiläum der franziskanischen Ordensregel beging. In Assisi sprach er jetzt in der Grabeskirche Worte ergreifender Einfachheit: „... Es sind heute neun Jahre, daß Wir an diesem Papstaltar das heilige Opfer feierten und über die Worte sprachen:

Ich preise dich, Vater, Herr des Himmels und der Erde, daß du dies vor Weisen und Klugen verborgen, den Kleinen aber geoffenbart hast ... Man fragt sich: Warum hat Gott Assisi diesen Zauber der Natur gegeben, diesen Glanz der Kunst, diese Berückung der Heiligkeit? Deshalb, damit die Menschen hier eine gemeinsame Sprache lernen und miteinander den Schöpfer preisen und sich gegenseitig als Brüder finden. Auf dem harten Fels dieses Hügels ruhen die Gebeine jenes Heiligen, den die ganze Welt verehrt. 44 Jahre waren ihm auf Erden gegeben, die erste Hälfte in Beschäftigung mit dem Irdischen, die dem Sohn des Bernardone keine Ruhe brachte. Aber die zweite Hälfte war ein Abenteuer, das Torheit schien. Es war aber der Anfang einer Sendung und einer unverlierbaren Herrlichkeit. Diese seine Sendung und Glückseligkeit legen uns eine Bitte auf die Zunge für Assisi, für Italien, für alle Völker ..."

Wichtiger als das, was er sagte, war, was er lebte: die Einfachheit, Geschwisterlichkeit, Armut. Die geistige Armut vor Gott als Demut und Gottvertrauen, aber auch die materielle, spürbare Armut gehen wie ein Grundzug durch sein ganzes Leben. In seinem Tagebuch und in seinen Briefen an die Familie kehrt dieses Thema immer wieder: „Wer ist ärmer als ich? Seit ich auf dem Seminar war, habe ich nie andere Kleider getragen als die, die mir aus Wohltätigkeit geschenkt worden waren ... Ihr wißt, eine der größten Tröstungen meines Lebens ist meine Familie, deren ich mich stets rühme: arm, einfach, bescheiden, aber gut und gottesfürchtig ... Ich weiß wohl, daß ihr einiges zu erleiden haben werdet von jenen, die recht unvernünftig daherleben und sagen: Was ist das, einen Papst in der Familie haben, auf den sich voll Ehrfurcht der Blick der ganzen Welt richtet, und seine Angehörigen müssen so bescheiden weiterleben! Indessen wissen viele, daß die Ehre eines Papstes nicht darin besteht, seine Verwandten zu bereichern, sondern ihnen je nach den Bedürfnissen und der

Lage eines jeden einzelnen in Liebe beizustehen. Das ist und soll einer der schönsten und geachtetsten Ehrentitel des Papstes Johannes und seiner Familie Roncalli bleiben. Bei meinem Tode wird mir nicht das Lob fehlen, das dem heiligen Pius X. soviel Ehre machte: arm geboren und arm gestorben ...“

In seinem Geistlichen Testament, das er am 29. Juni 1954, als Patriarch von Venedig schrieb, lesen wir: „Arm, aber als Kind ehrenwerter und bescheidener Leute geboren, freut es mich besonders, in Armut zu sterben. Ich habe im Dienst der Armen der heiligen Kirche, die mich ernährt hat, je nach den Bedürfnissen und Umständen meines einfachen und bescheidenen Lebens gegeben, worüber ich – es war übrigens nicht viel – während der Jahre meines priesterlichen und bischöflichen Dienstes verfügte. Äußerer Wohlstand verdeckte oft verborgene Plagen bitterer Armut und hinderte mich, immer mit der Freigebigkeit zu geben, wie ich gern getan hätte. Ich danke Gott für die Gnade der Armut, die ich in meiner Jugend gelobt habe, der geistigen Armut als Priester und der wirklichen Armut. Sie hat mich dazu angeleitet, um nichts zu bitten, weder um Posten noch um Geld, noch um Begünstigungen, niemals, weder für mich noch für meine Verwandten und Freunde ...“

Ein echter Christ, ein echter franziskanischer (= evangelischer) Heiliger! Darum hatte er auch eine Ausstrahlung wie der Heilige von Assisi. Damals wie jetzt brandete um diese zwei Gestalten eine Welle der Bewunderung, der Verehrung, der Freude. Der Roncalli-Papst wandte auch die Frage auf sich an, die man Franziskus gestellt hatte: „Warum nur läuft alle Welt dir nach?“ Und er gab, wie Franziskus, die Antwort: „Weil Gott keinen größeren Sünder gefunden hat. Er allein hat alles an mir und durch mich getan.“

Als eigentliche Sensationen der genannten revolutionären Phase, die man dem alten Mann gar nicht mehr zugetraut hätte, folgten nun Schlag auf Schlag die Eröffnungsrede zum Konzil, die Kontaktnahme mit den Kommunisten und

die wichtigste seiner acht Enzykliken, „Pacem in terris",
mit ihren vielfältigen Einzelaspekten.

Am 11. Oktober 1962 war es soweit. Der Einzug der rund
2 500 Bischöfe, Erzbischöfe, Kardinäle aus allen Kontinenten zum Konzil bildete ein Schauspiel für die Medien
und für die Menschen in aller Welt. Die Eröffnungsansprache des alten und kranken Papstes wurde mit Spannung erwartet. Ich gebe hier nur einige Stellen wieder, die
in ganz besonderer Weise als prophetisch und richtung-
weisend herausstechen. Er hielt sie – natürlich – auf Latei-
nisch, hatte sie aber – natürlich – auf Italienisch verfaßt.
Dieser sein Originaltext ist erhalten. Die Übersetzung
weicht an verschiedenen Stellen von ihm ab. L. Kaufmann
und N. Klein legten aufgrund dieses Originaltextes eine
neue deutsche Übersetzung vor, die ich hier verwende.
(Siehe auch die vollständige Ansprache im Anhang dieses
Buches)

Nach der feierlichen Einleitung spricht der Papst von Menschen, „die zwar voll Eifer, aber nicht gerade mit einem
großen Sinn für Differenzierung und Takt begabt sind",
die alle Entwicklungen der gegenwärtigen Zeit als „Mißstände", als Entwicklung „nur zum Schlechten hin" beurteilen. „Sie tun so, als ob sie nichts aus der Geschichte
gelernt hätten, die doch die Lehrmeisterin des Lebens ist
…" Man muß sich bewußt machen, daß er in der Aula auch
alle seine engeren Mitarbeiter der vatikanischen Kurie vor
sich hatte, und man spürt aus seinen Bemerkungen das
Leiden an der pessimistischen Schau vieler von ihnen heraus.

Dann bezieht er seine eigene klare Stellung: „Wir müssen
diesen Unglückspropheten widersprechen, die immer nur
Unheil voraussagen, als ob der Untergang der Welt unmittelbar bevorstünde …" Der Papst selbst sieht es anders:
„In der gegenwärtigen Situation werden wir von der göttlichen Vorsehung zu einer allmählichen Neuordnung der
menschlichen Beziehungen geführt. Sie wirkt mit den Men-

schen zusammen; aber sie verfolgt über deren Erwartungen hinaus ihre eigenen Pläne. Alles, sogar was die Menschen dagegen tun, wendet sie zu dem, was für die Kirche das Bessere ist ...“

Desweiteren betont er: „Die Hauptaufgabe des Konzils besteht darin, das unveräußerliche Gut der christlichen Lehre wirksamer zu bewahren und zu lehren ...“, und wie er dieses „wirksamer“ versteht: „Unsere Aufgabe ist es nicht nur, diesen kostbaren Schatz zu bewahren, als ob wir uns nur um Altertümer kümmern würden.“ Man erwartet heute „einen Sprung nach vorwärts, der einem vertieften Glaubensverständnis und der Gewissensbildung zugute kommt ... Denn eines ist die Substanz der tradierten Lehre, d.h. das ‚depositum fidei‘; etwas anderes ist die Formulierung, in der sie dargelegt wird ...“ Alles wird dann „mit den Mitteln eines Lehramtes von vorrangig pastoralem Charakter geprüft.“

In der Geschichte zeigte sich die Kirche vor allem als Lehrerin. Sie hat Irrtümer „auch mit größter Strenge verurteilt. Heutzutage zieht es die Braut Christi vor, eher das Heilmittel der Barmherzigkeit zu gebrauchen als die Strenge.“ Irrlehren widerlegen sich meistens von selbst. Die Kirche erhebt die Fackel des Glaubens. Aber vor allem „will sie sich als eine für alle liebevolle, gütige und geduldige Mutter erweisen, voll Barmherzigkeit und Wohlwollen gerade jenen Kindern gegenüber, die sich von ihr entfernt haben ...“

Und dann folgte die großartige dreifache Vision der Einheit: „Die Einheit der Katholiken untereinander, die als Vorbild ungebrochen bewahrt werden muß, die Einheit mit den vom apostolischen Stuhl getrennten Christen, deren Gebet und leidenschaftliche Hoffnung darauf abzielt, daß wir wieder zusammengeführt werden, endlich die Einheit, die die noch nicht christlichen Religionen mit der katholischen Kirche in Wertschätzung und Respekt verbindet ...“

Johannes XXIII. war fest überzeugt davon, daß die Kirche in diesem Konzil, auf das sich „die Hoffnung der ganzen Welt richtet", „wie bei einem neuen Pfingstfest" ihre Stimme erhebt und daß sich so die „Erwartungen aller in möglichst großem Maße erfüllen". Begeisterte Wiedergabe der wichtigsten Stellen in den Medien und hoffnungsvolle Aufbruchstimmung in allen Kirchen kennzeichneten die spontanen Reaktionen auf diese Ansprache.

Gegen 13 Uhr schloß die Versammlung. Der Papst nahm das Essen ein und gönnte sich eine kurze Ruhe. Gegen 15.30 Uhr schaute Don Loris F. Capovilla nach ihm, fand ihn aber nicht in seinem Arbeitszimmer, sondern ganz allein in der Kapelle an seinem gewohnten Plätzchen. Wie es ihm gehe? „Mit dem, was der Herr mir heute morgen gegeben hat, muß es mir gut gehen. Ich spüre jetzt mehr als je das Bedürfnis des inneren Gespräches, des längeren Betens, des Schweigens. Wir sind nichts. Er hat es gemacht, er macht alles." – Der Abend dieses großartigen Tages wurde gefeiert mit einem spontanen Fackelfest auf dem Petersplatz.

Man fragte sich, wer dem Papst wohl diese Ansprache gemacht habe oder welche Kardinäle ihm die Grundideen geliefert hätten. Dazu muß man erstens sagen, daß diese Grundideen für den Papst keineswegs so revolutionär neu waren. Zweitens überliefert uns wiederum Loris F. Capovilla eine eindeutige Antwort, daß nämlich sein demütiger Chef ausdrücklich wünschte, daß neben dem lateinischen Text auch die italienische Urfassung veröffentlicht werde: „Damit soll deutlich werden, nicht zu meiner Ehre, sondern um der übernommenen Verantwortung willen, daß sie vom ersten bis zum letzten Wort von mir stammt." Er hatte seine Grundhaltung von der Strenge zur Güte, von der Statik zum Wandel auch gerechtfertigt: „Nicht das Evangelium ist es, das sich verändert; nein, wir sind es, die gerade anfangen, es besser zu verstehen."

Jetzt nach der Eröffnungsansprache gab der Papst das Heft

aus der Hand, wohl wissend, daß das Konzil die höchste Autorität in der Kirche darstellt, während ihm sein Vorrecht (Primat) bleibt, die Zustimmung zu den Beschlüssen zu erteilen, und im schlimmsten, aber höchst unwahrscheinlichen Fall, ein Veto einzulegen.

Nun brauste ein neuer Pfingststurm durch die Kirche. Die Konzilsbischöfe nahmen sich wirklich ernst und beantragten beim Papst als Erstes, daß die Mitglieder der zu besetzenden Kommissionen nicht von der Kurie ernannt – wie diese sich „anerbot", ja aufdrängte –, sondern vom Konzil gewählt werden sollten. Als Zweites kam es zu einer radikalen Flurbereinigung. Ein Schema nach dem anderen wurde analysiert und nach echtem Austausch der besten Bischöfe mit den besten Theologen für untauglich befunden. Wiederum baten sie den Papst, alle diese Arbeitspapiere zurückzuziehen mit Ausnahme des Textes zur Liturgiereform, der von einer wirklichen Fachkommission vorbereitet dalag und Gnade fand. Hingegen bekam z.B. der grundlegende Text „Über die Natur der streitenden Kirche", von Kardinal Ottaviani, Präfekt des S. Ufficio (heute: Glaubenskongregation), vorbereitet, vorgelegt und empfohlen, von Bischof De Smedt von Brügge die Begutachtung, er strotze von Triumphalismus, Klerikalismus, Juridismus. „Keine Mutter hat je so gesprochen!" Die ganze Aula applaudierte laut zu diesem harten Verdikt. Nach zwei Monaten stand man vor einem totalen Desaster: Alles war niedergerissen, und erst allmählich zeichnete sich der Weg zur neu zu beginnenden Arbeit ab. Papst Johannes XXIII. aber litt, betete und bewahrte trotz allem seine Zuversicht und seinen Glauben an die Kraft des Heiligen Geistes, die ihn zeitlebens gekennzeichnet hatten.

Der Papst hat sich also nicht als überlegener Regisseur betätigt, der mit klarem Konzept das Konzil gesteuert hätte. Er überließ diese Aufgabe den versammelten Bischöfen. Immerhin: indem er das Konzil ankündigte; indem er in der Eröffnungsansprache, auf die man sich immer wieder berief, die Grundrichtung angab, nicht mehr – wie bisher in allen Konzilien vom ersten an (Nizäa, 325) bis zum vorletzten (Vatikanum I, 1870) – Irrlehren und Irrlehrer zu verurteilen, sondern einfach die Glaubenslehre heutig und glaubwürdig vorzulegen, indem er schließlich die zwei genannten Wünsche der Bischöfe ohne weiteres zu formellen Beschlüssen machte, was damals helle Begeisterung auslöste und den Beginn der eigentlichen Konzilsarbeit erst ermöglichte, hatte er die Weichen gestellt und den Zug in Bewegung gebracht. Es ist in vollem Sinn „sein Konzil" geworden. Er hat voll und bewußt die Verantwortung für alle weiteren Auswirkungen auf sich genommen. Man kann von einem „Schneeballeffekt" reden oder es auch vergleichen mit einem Künstler, der in genialer Intuition ein Musikwerk schreibt oder ein Gemälde malt, dessen Fülle die Kenner erst nachträglich entdecken. Der Nachfolgerpapst, Paul VI., konnte dann das Saatfeld übernehmen, begießen und mühsam die Ernte einbringen.

Das Vatikanum II ist – nach dem Apostelkonzil in Jerusalem – erstmals wiederum nicht ein doktrinales und verurteilendes, sondern ein versöhnliches, dialogales, evangelisches, „mütterliches", „pastorales" (gekennzeichnet durch die Mutter- oder die Gute-Hirten-Sorge) Konzil gewesen, wie es Angelo Roncalli seit Jahrzehnten intuitiv geahnt und spontan vorgelebt und wie es gleichzeitig auch die „neue Theologie" aufgearbeitet hatte, die zwar vor dem Konzil verfemt war, aber jetzt, in der Roncalli-Ära, zu ihrem Rechte kam.

Die Vision der dreifachen Einheit muß noch etwas näher durchleuchtet werden. Auch hier legte der Papst nicht einen detaillierten Plan vor. Er lebte – begreiflicherweise – in mancher Hinsicht noch mit typisch „vorkonziliaren" Vorstellungen, ein Kind seiner Zeit. Aber er gab Impulse, die dann im Konzil und nach dem Konzil ihre Früchte trugen. *Die Einheit der Katholiken untereinander".* Was wir heute Polarisierung nennen zwischen Pessimisten und Optimisten, Konservativen und Progressiven, Gehorsamen und „Rebellen" (aufgrund der Gewissensfreiheit), ist nicht, wie man oft meint, eine Folge des „verwünschten Konzils". Es bestand schon vorher sehr ausgeprägt, wie es der Papst in seiner Ansprache zum Ausdruck gebracht hat. Die Spannung ist freilich durch das Konzil nicht überwunden, sondern verschärft worden. Man muß weiterhin mit ihr rechnen und kann ihr nur im Geist des Roncalli-Papstes begegnen: einerseits selbst eine klare Stellung beziehen, andererseits versuchen zu überzeugen, zu versöhnen, zu ertragen; im Sinne von Vorhut und Nachhut einer Karawane jeder Gruppe ihre eigene Funktion und ihr Recht zuzugestehen.

„Die Einheit mit den vom apostolischen Stuhl getrennten Christen": In dieser Hinsicht blieb sich Angelo Roncalli treu von der Jugend bis ins Alter, nämlich tief überzeugt vom Gebet Jesu für die Einheit und tief durchdrungen von seiner spontanen Sympathie für alle Menschen ohne Unterschied der Rasse und Religion, wie er es vor allem in Bulgarien, dann in der Türkei und in Griechenland praktizierte und damit das dortige gläubige Volk und die Verantwortlichen der Kirchen so beeindruckt hatte. Aber in der Art und Weise, wie er sich diese wünschenswerte Einheit vorstellte, blieb er der Denkweise seiner Zeit verhaftet: Sie haben die eine Herde verlassen, also gibt es nur einen Weg, nämlich die Rückkehr zur einen Herde unter dem einen Hirten, dem Papst in Rom, konkret: Sie müßten alle wieder römisch-katholisch werden.

Als Theologiestudent hatte er den großartigen Empfang in Rom für den englischen König Eduard VII. und bald darauf für Kaiser Wilhelm II. miterlebt, die beide auch dem Papst einen Besuch abstatteten. In Roncallis Tagebuch ist daraufhin die Rede vom „irrgläubigen König des protestantischen England", und über den Kaiser meinte er: „Wäre er kein Häretiker, so könnte er der Karl der Große unserer modernen Zeit sein." In der Türkei schrieb er: „Wie viele

Seelen, die hier im Meere des Islams, des Judentums, der griechischen Orthodoxie umherirren, gilt es für Christus zu gewinnen." Er stellte also die drei Gruppen auf die gleiche Ebene des Irrtums und der Christus-Ferne. Noch einmal: „Auf mir, auf allen Priestern, allen Katholiken, lastet die schwere Aufgabe, mitzuwirken an der Bekehrung der ungläubigen Welt, an der Rückkehr der Abgefallenen und Irrgläubigen in die Einheit der Kirche ..." Noch als Papst wiederholte er: „Das Konzil soll als Zeichen heiliger Eintracht eine Einladung an die getrennten Brüder sein, die sich des christlichen Namens rühmen, damit sie zur allgemeinen Herde, deren Leitung und Schutz Christus in einem unerschütterlichen Befehl seines göttlichen Willens dem heiligen Petrus anvertraut hat, zurückkehren können." – Wenn er von Einheit sprach, hatte er entsprechend seinem Erfahrungsbereich vor allem die Orthodoxe Kirche im Auge.

Die Ankündigung eines „ökumenischen Konzils" mit dem Aufruf zur Einheit schuf eine gewisse Verwirrung. Man hatte zu wenig beachtet, daß sich schon alle derartigen Kirchenversammlungen „Ökumenische Konzile" nannten. Immerhin, es brachte etwas in Bewegung. Der Papst schuf nun an Pfingsten 1960 ein konkretes Instrument, um diese Bewegung zu animieren und zu koordinieren, das Sekretariat zur Förderung der Einheit der Christen. Es entfaltete nun seine Eigendynamik. Dank seiner Fachleute, dank vor allem seines ersten Präsidenten, Kardinal Bea, der bezeichnenderweise nicht vom Kirchenrecht, nicht von der Dogmatik, sondern von der Bibelwissenschaft herkam, konnte es rasch eine ganze Reihe von Besuchen höchster Vertreter der anderen Kirchen einfädeln, angefangen mit dem Besuch des Primas der Kirche von England, Erzbischof Geoffrey Fisher von Canterburry, am 2. Dezember 1960. Das Sekretariat bearbeitete dann den guten Entwurf für das Konzilsdokument über den Ökumenismus, verhandelte mit den einzuladenden Konzilsgästen aus den anderen Kirchen und war mitbeteiligt an vielen anderen Initiativen und Entwicklungen. Später wurde es freilich in seiner Eigendynamik gebremst und in die Gesetzlichkeiten der römischen Kurie eingebunden, wodurch die ökumenische Bewegung viel von ihrem Schwung verlor und zu einer Art Ökumenismus der schönen Worte ausartete. So hatten es Papst Johannes und Kardinal Bea nicht gemeint.

Mehr als in Europa konnte ich in Afrika miterleben, wie der „johanneische Frühling" über das Land zog. In den Jahren 62, 64 und 66 befand ich mich je einige Monate dort. Während vorher die Kirchen nicht bloß nebeneinander, sondern gegeneinander lebten, die katholischen, anglikanischen, protestantischen Missionare einander auswichen, sich Schüler und Lehrer abwarben, Buschschulen anzündeten und meinten, eine Heldentat für den Glauben zu vollziehen, fing man nun an, sich zu grüßen, sich zum Tee einzuladen, gemeinsame Bildungstage in Gebet und Bibelstudium zu verbringen und sich dabei als echte Christen zu entdecken und dann auch gemeinsam Sozialprojekte und Bibelübersetzungsarbeit in die Hand zu nehmen. Etwas von dem, was aufgebrochen ist, wird weiterwirken.

„Die Einheit, die die noch nicht christlichen Religionen mit der katholischen Kirche in Wertschätzung und Respekt verbindet": Auch in diesem Punkt war Angelo Roncalli ein Kind seiner Zeit. In den Exerzitien 1903 betete er: „Zerstreue die Finsternis des Heidentums, kläre und vertreibe das falsche Licht der Häresie ..." Während seiner Reise durch Nordafrika als Nuntius in Paris bemerkte er: „Die Reise durch Nordafrika hat mir das Problem der Bekehrung der Ungläubigen noch lebhafter ins Bewußtsein gebracht ..." Gewiß hatte er dort, und schon in der Türkei, die Muslime in ihrem Gebet beobachtet, bewundert und eine tiefe Liebe zu ihnen verspürt. Aber seine Dogmatik sagte ihm eben doch, daß sie „noch nicht" christlich, also mit einer falschen Religion, in Finsternis und ohne Gnade

leben. So sagte er auch bei der Eröffnungsrede im Blick auf diese „noch nicht christlichen Religionen": „In dieser Sicht schmerzt es, wenn wir bedenken, daß Jesus sein Blut zur Erlösung aller Menschen vergossen hat und sehen muß, daß der größere Teil der Menschheit noch keinen Zugang zu den Quellen der Gnade hat, die ihnen die katholische Kirche zuleiten könnte…"

Bis zu diesem Zeitpunkt sah also der Papst, der übrigens bei jeder Gelegenheit betonte, daß er die Missionen als die erste und wichtigste Aufgabe der Kirche sehe und der 1959 die sehr eindringliche Missionsenzyklika „Princeps pastorum" herausgegeben hatte, die anderen Religionen vor allem als Gegenstand des missionarischen Eifers. Die neue Theologie der Religionen, die sich erst nach dem Konzil entwickelte und durchsetzte, daß nämlich der Heilige Geist auch schon in den Religionen wirkt, daß auch dort alle Menschen guten Willens schon in der Huld und Liebe Gottes, in seiner Gnade leben, konnte natürlich der Papst damals nicht von sich aus erarbeiten.

Aber nun kam die große Überraschung, „die große Wende": Daß der alte Mann noch in der Lage war, neu zu denken, daß er nicht nur innerlich dem Konzil eine neue Vision von Kirche mit auf den Weg gab, sondern jetzt noch die ganze Welt in einer neuen Schau umfaßte, deutete und herausforderte. Das geschah in der Enzyklika „Pacem in terris", die er in einer hektischen Eile, kurz vor „Torschluß", am 11. April 1963, knapp zwei Monate vor seinem Sterben, herausgab. Er ergänzte da die auch schon wichtige Sozialenzyklika „Mater et magistra" von 1961, insofern er die soziale Frage nicht mehr vorwiegend im Rahmen der westlichen Welt sah, sondern sie sehr eindringlich auf den Rahmen der Dritten Welt, der ganzen Welt ausweitete; vor allem insofern er parallel zum unaufgebbaren Auftrag der missionarischen Verkündigung den Gedanken des Dialoges aufgrund der Würde eines jeden Menschen und seiner Gewissensfreiheit darlegte. Erstmals wurde nun eine Enzyklika nicht bloß an die Bischöfe, sondern „An alle Menschen guten Willens" gerichtet, und auch an alle Regierungen verschickt.

Jetzt wurde klar, daß sich der Papst nicht bloß mit der Hoffnung zufriedengab, die Christen wieder zu vereinen. Darüber hinaus befaßte er sich nun mit den Menschenrechten, mit der Wohlfahrt der ganzen Menschheit, mit der Versöhnung der einzelnen Völker, gleichgültig, ob sie sich zu einer Religion bekannten oder nicht. Die Menschen fühlten, daß der Papst es gut meinte mit allen, uneigennützig für alle ohne Unterschied Einheit, Frieden und Gerechtigkeit wollte. Die vorherigen Päpste bis und mit Pius XII. standen der modernen Welt in Konfrontation gegenüber und tadelten sie. Johannes XXIII. mischte sich mit spürbarer Sympathie unter die Menschen, umarmte die Welt und akzeptierte sie. Indem er nicht so sehr das Böse in ihr sah, sondern die guten Ansätze, machte er ihr Mut zum gemeinsamen Handeln für den Frieden. Er war der Meinung, daß es schon genug Tadel gegeben habe und daß das nicht sonderlich wirkte. So ging er nun durch die Welt, um ihr zu helfen, und zwar in der Form, wie sie sich helfen ließ, und vermittelte ihr zunächst ein positives Denken, die eine Menschheit Gottes zu sein. Bei all dem berief er sich nicht bloß auf die Bibel, sondern auch auf jene Offenbarung Gottes, die er in den „Zeichen der Zeit" ablas, ein Gedanke, der die ganze Enzyklika durchzieht.

Hier nun einige Zitate, die einzelne seiner Gedanken beleuchten. Die angegebenen Zahlen bedeuten die Nummern der Abschnitte:

Vorsprung als Verantwortung: „Es kann vorkommen, daß auch unter den Nationen die einen den anderen voraus sind an wissenschaftlichem Fortschritt, an menschlicher Kultur, an wirtschaftlicher Entwicklung. Doch diese Vorzüge erlauben es keineswegs, zu Unrecht andere zu beherrschen, sondern sollen ihnen vielmehr ein Ansporn sein, mehr zum gemeinschaftlichen Fortschritt der Völker beizutragen ..." (88) „Wie nämlich die Menschen in ihren privaten Angelegenheiten deren eigenen Vorteil nicht zum ungerechten Schaden anderer suchen dürfen, so dürfen auch die Staaten nicht – wenn sie nicht ein Verbrechen begehen wollen – einen solchen Vorteil erstreben, durch den anderen Nationen Unrecht zugefügt wird oder sie ungerecht bedrückt würden. Hier scheint das Wort des heiligen Augustinus zutreffend: ‚Fehlt die Gerechtigkeit, was sind dann die Reichen anders als große Verbrecherbanden?' " (92) Spannungen nicht mit Gewalt lösen, sondern mit Verhandlungen: Entstehende Spannungen und Gegensätze „sollen nicht mit Waffengewalt und nicht mit Trug und List gelöst werden, sondern, wie es sich für Menschen geziemt, in gegenseitigem Einvernehmen aufgrund reiflicher, sachlicher Überlegung und unparteiischer Schlichtung ..." (93) „Es widerstrebt in unserem Zeitalter, das sich rühmt, Atomzeitalter zu sein, der Vernunft, den Krieg noch als das geeignete Mittel zur Wiederherstellung verletzter Rechte zu betrachten ..." (127)

Es muß eine politische Weltgewalt eingesetzt werden: „Da aber heute das Allgemeinwohl der Völker Fragen aufwirft, die alle Nationen der Welt betreffen, und diese Fragen nur durch eine politische Gewalt geklärt werden können, deren Macht und Organisation und deren Mittel einen dementsprechenden Umfang haben müssen, deren Wirksamkeit sich somit über den ganzen Erdkreis erstrecken muß, so folgt um der sittlichen Ordnung willen zwingend, daß eine universale politische Gewalt eingesetzt werden muß." (137)

Die Frau muß eine neue Bedeutung bekommen: „... Das alles verlangt unsere Zeit des Atoms und des Vorstoßes in den Weltraum, ein Zeitalter, in dem die Menschheit ihren neuen Weg in eine grenzenlose Weite schon begonnen hat." (156) In diesem Zusammenwirken aller Menschen legt er auch, als ein Zeichen der Zeit, ein besonderes Wort ein für die Frau: „Die Frau, die sich ihrer Menschenwürde heutzutage immer mehr bewußt wurde, ist weit davon entfernt, sich als seelenlose Sache oder als bloßes Werkzeug einschätzen zu lassen; sie nimmt vielmehr sowohl im häuslichen Leben wie im Staat schon Rechte und Pflichten in Anspruch, die der Würde der menschlichen Person entsprechen." (41)

Man hat auch hier die Frage aufgeworfen, ob dieser so reiche und so weite Text wirklich von dem leutseligen Angelo Roncalli selbst stamme, und man zitiert ein Wort, das der Papst selbst auf diese Frage gesagt habe: „Ich habe den Text wenigstens gelesen." Und ferner: „Von mir stammt in diesem Dokument vor allem das demütige Beispiel, das ich während meines ganzen Lebens zu geben versucht habe." Loris F. Capovilla meint dazu, daß die Grundgedanken völlig im Wesen und in der Praxis des Papstes verankert waren, daß sie also nicht erst am Ende unerwartet wie ein Vulkan ausgebrochen seien. Er habe „seine" Gedanken dem Soziologieprofessor Pietro Pavan mitgeteilt, der sie formulierte und die allgemein soziologischen Grundsätze des ersten Teiles beifügte. Aber die Enzyklika sei voll und ganz ein Roncalli-Dokument, auch wenn der Papst in seiner Bescheidenheit lächelnd die Verdienste seiner Mitarbeiter in den Vordergrund stellen wollte.

Übrigens hat mir ein Graphologe, Gerhard Katz, bestätigt, daß sich auch aus der Analyse des Schriftbildes die genannten Grundhaltungen dieses Papstes ergeben: Weltoffenheit, Umarmung, Brückenschlag; ein demütiges Bewußtsein des eigenen Könnens und der eigenen Grenzen; konsequent und doch konziliant; gut programmierte Zielerreichung, geht mit zielstrebiger Dynamik vorwärts …

Ein Tatsachenbeweis für diese Haltungen liegt auch vor in der Einstellung des Papstes Roncalli zum Kommunismus. In „Pacem in terris" stellt er die bisher viel zu wenig beachtete Forderung auf: „Man muß immer unterscheiden zwischen dem Irrtum und den Irrenden, auch wenn es sich um Menschen handelt, die im Irrtum oder in ungenügender

Kenntnis über Dinge befangen sind, die mit den religiös-sittlichen Werten zusammenhängen. Denn der dem Irrtum Verfallene hört nicht auf, Mensch zu sein, und er verliert nicht seine persönliche Würde, die doch immer beachtet werden muß ..." (158) Diese Überzeugung erlaubte es ihm, die strikt ablehnende Haltung Pius' XII. gegenüber dem Kommunismus, den Erzfeind der Kirche und der westlichen Welt, aufzugeben. Er heckte einen unerhörten Streich aus. Wie Franziskus von Assisi zur Zeit der Kreuzzüge, als die ganze Christenheit gegen den Islam zu Felde zog, den Sultan in Ägypten besuchte, als einziger Christ, der diesem Sultan nicht als Feind, sondern als Bruder begegnete, so bat der Papst P. Togliatti, den Sekretär der Kommunistischen Partei Italiens, der im Begriffe war, nach Moskau zu reisen, er möge N. Chruschtschow, dem Zentralsekretär der Kommunistischen Partei der Sowjetunion, nahelegen, ihm, dem Papst, zum 80. Geburtstag ein Glückwunschtelegramm zu senden. Das geschah prompt, zum höchsten Erstaunen der ganzen Welt. Ein erster Durchbruch in das Blockdenken war vollzogen.

Zwei Jahre später empfing der Papst Chruschtschows Schwiegersohn A. Adschubej und dessen Gattin, trotz des Neins von Kardinal Ottaviani, dem Hüter des Glaubens. Wiederum ein Schock und ein Ärgernis in den Augen vieler westlicher Kirchen- und Staatsmänner. Aber das alles, sowie die Eröffnungsansprache zum Konzil, die ganz auf den Frieden ausgerichtet und keineswegs von Antikommunismus geprägt war, hatte zur Folge, daß Moskau im letzten Augenblick der Delegation der Orthodoxen Kirche erlaubte, als Beobachter zum Konzil in Rom zu gehen. Das Thema des Kommunismus beschäftigte den kranken Papst Tag und Nacht. Am frühen Morgen des 26. Dezember 1962 vermerkte er in seinen unveröffentlichten Notizen: „Ich beschäftige mich sehr mit den Ereignissen, die der Herr geheimnisvoll bewirkt. Ob dieser Chruschtschow uns nicht noch Überraschungen bereit hält? Diese Sache habe ich mir lange überlegt, und nachdem ich die Einführung zur russischen Grammatik gelesen hatte, habe ich mich erhoben und vor dem Kreuz niedergekniet. Ich habe ihm mein ganzes Leben geweiht als letztes Opfer meiner selbst für das große Anliegen der Bekehrung Rußlands zur katholischen Kirche ...“

Diese seine Öffnung zu allen Menschen hinterließ er als sein eigentliches Vermächtnis der Kirche. Denn eine Woche vor seinem Tod, am 24. Mai 1963, so bezeugt es wiederum Loris F. Capovilla, erklärte er in Gegenwart seiner zwei engsten Mitarbeiter, Kardinalstaatssekretär Amleto Cigogniani und Msgr. Angelo Dell'Aqua: „Mehr denn je sind wir heute darauf ausgerichtet, dem Menschen als solchem zu dienen, nicht bloß den Katholiken, darauf, in erster Linie und überall die Rechte der menschlichen Person und nicht nur diejenigen der katholischen Kirche zu verteidigen. Die heutige Situation, die Herausforderung der letzten 50 Jahre und ein tieferes Glaubensverständnis haben uns mit neuen Realitäten konfrontiert ...“ Und er fügte das wichtige Wort bei, das wir schon gehört haben: „Nicht das Evangelium ist es, das sich verändert; nein, wir sind es, die gerade anfangen, es besser zu verstehen.“

Es geschah darum unter dem Applaus der ganzen Welt, von Ost und West, als am 10. und 11. Mai 1963 dem todkranken Papst vom italienischen Staatspräsidenten Giovanni Gronchi der Internationale Balzan-Preis in der Höhe von 1 Million DM überreicht und „der Friedensstifter“ in zwei Festanlässen, im Quirinal und im Vatikan, geehrt wurde. Am Abend schrieb der Gefeierte in einer Notiz: „Eine ruhige Nacht und ein gutes Ende gewähre uns der allmächtige Herr. Diese liturgischen Worte beschließen gut den Erfolg dieser letzten Tage des verkündeten Triumphes des Friedens, hier im Zentrum der Welt. Indem ich darüber nachdenke, auch wenn ich in solchen Belangen etwas kalt bin, kann ich meine Rührung und meinen Dank an den Herrn nicht zurückhalten, der auf die Niedrigkeit seines Dieners geschaut und an mir Großes getan hat (vgl. Lk 1,48f). Wer hätte je gedacht, daß diese geheimnisvollen Worte von so viel Gnade einmal auf meine Armseligkeit angewendet werden sollten?"

Mit diesem triumphalen Ausklang scheint es nun, als ob wir das Leitmotiv dieses Buches aus dem Auge verloren hätten. In den vorherigen Phasen klangen doch mitten in der Harmonie dieses Lebens mit hartnäckiger Wiederholung immer wieder Mißtöne an: „O ich Unglückseliger ... tiefste Abtötung ... Nadelstiche und Verletzungen ... Gefühl meiner Unzulänglichkeit ... Mein Kreuz ... Meine Armseligkeit ... Stunden der Einsamkeit und Verlassenheit ... Kränkung und Demütigung." Diese Mißtöne konnten freilich die Grundmelodie nicht stören. Angelo Roncalli wurde damit fertig, ohne der leisesten Verbitterung zu verfallen, nicht als rosiger Optimist, sondern als Glaubender, der „Frieden und Freude im Heiligen Geist" (Röm 14,17) in sich trug, dem Belastungen und Zerwürfnisse Anlaß gaben, zum tiefsten Grund der Lebensfreude vorzustoßen, zu Gott, der alles gut macht. Es entsprach darum nicht einer Formalität, sondern seiner innersten Haltung, wenn er auf Fotos, die er verteilte, gern neben dem Namen und dem Segenswunsch darauf schrieb: „In *santa* letizia – in *heiliger* Freude", heilig unterstrichen von ihm! Aber nochmals die Frage: Haben in der letzten Lebensphase, in den fünf Jahren Pontifikat, die Mißtöne, die Störungen, keinen Platz mehr gehabt? Wir haben schon am Anfang auf sein Leiden an der Welt und später auf sein Leiden an seinem kranken Leib hingewiesen. Zusätzlich muß aber nun deutlich gesagt werden, daß er offenbar auch sehr an seiner engsten Umgebung, an der vatikanischen Kurie, gelitten hat. Das war ja auch das unvermeidliche Schicksal der Päpste vor und nach ihm.

Pius XII. hatte sich mit seinem Verwaltungsapparat förmlich zerworfen. Paul VI. griff in einer Homilie gegen Ende des Konzils die Vorwürfe auf, die er von vielen Bischöfen gehört habe, die Kurie sei „überaltert, unfähig, egoistisch, korrupt", er gebe aber sein Ehrenwort, die Verantwortung für die Erneuerung zu übernehmen. 1967 kam dann sein Erneuerungsdekret „Regimini Ecclesiae universalis" heraus: nicht viel mehr als ein Schlag ins Wasser! Über Johannes Paul I. zirkulieren zwei Hypothesen, beide gleichermaßen belastend für die Kurie: Er sei *durch* die Kurie umgebracht worden, was kaum stimmt; er sei *an* der Kurie und ihrem Widerstand gegen seine spontane Art und seine Reformideen umgekommen; im Blick auf sein schon krankes Herz ist dies höchst wahrscheinlich! Johannes Paul II. gab sich deshalb Rechenschaft, daß diesbezüglich noch vieles fällig wäre und daß man gerade von ihm, dem ersten Nicht-Italiener-Papst nach 450 Jahren, erwartete, dieses Anliegen endlich zu einem guten Abschluß zu führen. Deshalb rief er im November 1979 alle Kardinäle zusammen, um als Hauptthema die Reform der römischen Kurie zu besprechen. Am Schluß bat er diese seine Berater, ihm im Laufe von drei Monaten ihre konkreten Vorschläge einzureichen. Als das entsprechende Dokument „Pastor bonus" nach neun Jahren des Wartens erschien, mußte man wiederum sagen: ein Schlag ins Wasser, eine Selbstbestätigung der Römischen Kurie! Von der Kardinalskommission, welche die Bearbeitung an der Hand hatte, konnte man auch gar nichts anderes erwarten. Niemand köpft sich selbst! Und so leidet Johannes Paul II. nach wie vor an seiner Kurie, wie Leute, die ihn näher kennen, verraten.

Als Glied in dieser Kette wird man also annehmen müssen, daß auch Johannes XXIII. keine Ausnahme von der Regel darstellte und ebenfalls an der Kurie litt, auch wenn er äußerst zurückhaltend mit kritischen Bemerkungen war. An seiner Loyalität zu den kirchlichen Institutionen ist nicht zu zweifeln, auch wenn er seine kleinen Sprüche über die Kurie machte. Auf die Frage: „Wie viele arbeiten im Vatikan?" soll er lächelnd geantwortet haben: „Etwa die Hälfte."

Doch kann man bei den wenigen Bemerkungen genügend zwischen den Zeilen herauslesen. Bei der geistlichen Einkehr zum 80. Geburtstag betonte er, sich „nie gegenüber den kirchlichen Anordnungen verfehlt" zu haben. Und dann: „Was die Demut betrifft: In ihr habe ich gelebt und sie auch im Äußeren geübt. Das beseitigt nicht meine innere Empfindsamkeit gegen manche Rücksichtslosigkeit, die mir, wie ich glaube, zugefügt worden ist. Aber auch darüber freue ich mich vor Gott und betrachte es als Übung der Geduld und als verborgenen Bußgürtel für meine Süden wie auch als Anlaß, vom Herrn Vergebung für die Sünden der Welt zu erflehen." Einmal bekannte er, spontan wie er war, vor dem Volk, das ihm zuklatschte: „Ich sage euch jetzt ganz vertraulich, die übliche Fröhlichkeit des Geistes, die aus meinem Angesicht durchleuchtet, verbirgt Kummer und Qual in meinem Innern." Wann hat je ein Papst so ehrlich sein Inneres aufgedeckt und dadurch allen Menschen, die in ähnlicher Lage stecken, Mut gemacht, trotz allem fröhlich zu sein?

Schon 1959 gab er uns ein Stichwort, das sehr viel aussagt. Er notierte: „Bei Tisch ließ ich mir von Msgr. Loris ein paar Seiten aus dem Buch ‚De consideratione' vorlesen, das der heilige Bernhard an Papst Viktor richtete. Es gibt für einen armen Papst wie mich und für die Päpste aller Zeiten nichts Passenderes und Nutzbringenderes. Manches, was dem Klerus von Rom im 12. Jahrhundert nicht zur Ehre gereichte, ist noch immer vorhanden. Darum ‚heißt es wachsam sein, verbessern' (soweit Bernhard, und der Papst fügte hinzu:) und ertragen."

Und ertragen! Er mußte also vieles an der Römischen Kurie ertragen und gute Miene zum bösen Spiel machen. Solche Verwaltungszentren (auch staatliche!) haben ihre eigenen soziologisch-psychologischen Gesetze. Leute, die jahrzehntelang in ihren Büros sitzen, glauben, alles besser zu wissen, besser sowohl als das gewöhnliche Volk, als auch als ihre Obrigkeit, und setzen darum ihren Kopf durch.

Man sagt: „Die Päpste gehen, die Kurie bleibt." Johannes XXIII. konnte und wollte realistischerweise an diesem schwerfälligen Apparat nichts ändern. Der damalige Kapuziner-Generalobere Clemens von Milwaukee legte ihm einmal ein schweres Anliegen vor. Der Papst hörte verständnisvoll zu, aber sagte schließlich: „Wissen Sie, ich bin nur der Papst." Kardinalstaatssekretär Tardini hat dann den Fall nach den Normen, nicht nach der Notwendigkeit „gelöst".

In Wirklichkeit herrschte jetzt unter Johannes XXIII. an der Kurie eine fröhlichere, gelockertere Stimmung als unter dem strengen Regiment Pius' XII. Aber es ist ganz klar, daß seine unkonventionelle, spontane Art vielen Prälaten nicht gefallen konnte, ebensowenig sein Handschlag mit den Kommunisten. Man bedeutete ihm auch, in seiner Güte schaue er zu, wie Zucht und Ordnung zerfallen. Diesen Vorwurf griff er einmal auf und antwortete: „Ein Papst kann nie zu gut sein."

Auch die Eröffnungsrede zum Konzil und dann dessen Verlauf entsprachen keineswegs dem Geschmack der Kurie. Diese fühlte sich von der Bischofsversammlung in den Schatten gestellt, überrannt, überrumpelt. O.H. Pesch und L. Kaufmann haben gut herausgearbeitet, daß auch tonangebende Kurienkardinäle ein Konzil wünschten. Aber sie meinten ein doktrinales, retrospektives, defensives Konzil. Sie wollten Konsolidierung, nicht Modernisierung. Tatsächlich stützten sich die vorbereiteten Konzilsschemate, die maßgeblich die Handschrift der Römischen Kurie trugen, in einem Drittel der Anmerkungen auf „Humani generis", das bremsende Dokument Pius' XII. ferner auf das Erste Vatikanische Konzil und auf die Antimodernismus-Dokumente der Jahrhundertwende. Dem Papst blieb keine andere Wahl, als der Kurie ihren Lauf, ihr das erste Wort zu lassen, aber vorzusorgen, daß sie nicht das letzte Wort behalte. Deshalb erklärte er schon an Pfingsten 1960: „Das Ökumenische Konzil hat eine ihm eigene Struktur und Organisation, die nicht zusammengeworfen werden darf mit der ordentlichen und charakteristischen Funktion der verschiedenen Behörden und Kongregationen, die die Römische Kurie bilden ... Hier besteht ein klarer Unterschied: Etwas anderes ist die ordentliche Regierung der Kirche, etwas anderes das Konzil." Er lebte also, wie gesagt, in der festen Hoffnung: Wenn dann das Konzil die Sache in die Hand nimmt, wird es schon gut ausgehen!

Als der Papst in der Eröffnungsansprache klar aufzeigte, welche Richtung er dem Konzil geben wolle, und die Bischöfe diese pastorale Linie konkret und mutig weiterführten, griffen sich viele Kurien-Prälaten an den Kopf und gerieten in Panik vor diesen neuen Auffassungen von Theologie und Kirche. Man hörte sagen: „Es wird 20 Jahre brauchen, um das Unheil wieder gutzumachen, das Johannes XXIII. angerichtet hat." Mir selbst erklärte ein Monsignore, dem ich sagte, er solle nicht so jammern über die Zustände in der Kirche, Papst Johannes sei viel zuversichtlicher gewesen: „O, wenn Johannes XXIII. zurückkehren könnte, er würde sich die Augen ausweinen, wenn er sähe, was er angestellt hat."

Zu Beginn der zweiten Konzilssession beantragte eine Gruppe von Bischöfen, den inzwischen verstorbenen Papst Johannes mit Applaus (per acclamationem) heiligzusprechen. Da griff der neue Papst, Paul VI., ein und wünschte, dies auf dem gewohnten Prozeßweg zu tun, man werde dann Pius XII. und Johannes XXIII. zusammen heiligsprechen. Da suchte der frühere Nuntius Erzbischof Bruno Heim – das gab der jetzt 83jährige Mann kürzlich in einem Interview bekannt – den damaligen Präfekten der Heiligsprechungs-Kongregation auf, um ihm zu sagen: „Das ist eine dumme Sache gewesen. Für Pius XII. wird der Prozeß nie zu Ende kommen, er war eine derart komplexe Gestalt, und für Johannes XXIII. wäre ein Prozeß nicht nötig." Die verblüffende Antwort lautete: „Aber er war doch schuld am Konzil!"

Solche latente Opposition hatte der gute Papst gespürt – und „ertragen". Er hat sich nie mit den Systemen und Ideologien in Konflikt begeben, weder mit dem Kommunismus, noch mit den Religionen, noch mit der Kurie. Er suchte indes, mit den Menschen in den Systemen gut zu sein und ins Gespräch zu kommen. Auf diese Weise ist ihm doch allerhand gelungen.

Man mag bedauern, daß er Grundsätze, die er in „Pacem in terris" für die staatliche Ordnung darlegte, nicht auch an das zentralistische und monarchistische System des Vatikans anwandte: Daß auch die Autorität, die von Gott stammt, mit jeder demokratischen Regierungsform in Einklang gebracht werden könne; daß die regelmäßige Ablösung der höchsten Staatsdiener eine Überalterung der Autorität verhindere und für deren Erneuerung zum Fortschritt der menschlichen Gesellschaft sorge; daß in allem das Subsidiaritätsprinzip beachtet werden solle… Daß der alte Mann sich nicht in den Kopf setzte, die Kurie in diesem Sinn zu erneuern, versteht sich. Daß die nachfolgenden drei Päpste das versuchten, aber nicht befriedigend zustande brachten, zeigt, wie schwer einem solchen „notwendigen Übel" beizukommen ist. So empfiehlt sich offenbar doch die Taktik des Roncalli-Papstes: Nicht Systeme zerbrechen, aber die Menschen in den Systemen ansprechen – dabei hoffend und betend, daß die Systeme doch einmal unerwartet zusammenbrechen. Man denke an das Apartheid-System!

Msgr. Capovilla glaubt, daß sich im Vatikan das Urteil über Johannes XXIII. dank der nachfolgenden Päpste zum Guten gewandelt habe. Er schrieb 1979: „16 Jahre nach seinem Tod, kann man feststellen, gibt es im großen und ganzen eine Übereinstimmung über das Profil dieses Menschen: Aus seinem ganzen Betragen leuchtete durch Güte, nicht Schwachheit, Einfachheit, nicht Einfalt, Barmherzigkeit, nicht Gutmütigkeit, Vertrauen, nicht Naivität, Spontaneität, nicht Impulsivität, Hingabe an die Vorsehung, nicht Fatalismus, unerschrockener Mut, nicht Vermessenheit, unerschütterliche Hoffnung, nicht Illusion. Er überwand alle Widerwärtigkeiten und zog unter dem Licht der Sterne wie Abraham, wohl bewußt, daß über unseren Köpfen, auch in den dunkelsten Tagen, immer das Firmament leuchtet."

Das Urteil der Welt über Johannes XXIII. ertönte von Anfang an eindeutig und glaubwürdig. Als er über die Pfingsttage 1963 im Todeskampf lag, vor Schmerzen stöhnte, aber dann lächelnd sagte: „Unser Leben geht zu Ende. Wir gehen zum Hause des Herrn", und als er am Pfingstmontag, dem 3. Juni, um 19.45 Uhr, starb, hielt die Welt den Atem an. Man trauerte um ihn wie um den eigenen Vater.

In vielen Ländern wurde mehrtägige Staatstrauer angeordnet. Die Fahnen standen auf Halbmast, sowohl auf dem Buckingham-Palace, dem Wohnsitz des Oberhauptes der Kirche von England und Schottland, wie auf dem Glaspalast der Vereinten Nationen. Der Weltkirchenrat, die Vertreter des Judentums und die muslimischen Staaten gedachten in Anerkennung des Toten. Diese vielen Reaktionen gleichen einem gewaltigen Plebiszit für die Einheit aller Menschen guten Willens, die dieser Papst, Vater und Bruder aller Menschen, durch sein Wesen und Wirken anstrebte. Alle Stimmen rühmten den Mann des Friedens, der den Mut hatte, über alle Schranken hinweg das Zusammenleben um der Menschlichkeit willen zu ermöglichen, ohne die Wahrheit preiszugeben. Bis heute ist man nicht losgekommen von der Faszination dieser fast legendären Gestalt.

7. „Auch nach seinem Tode noch wurde er als Prophet gehört." (Sir 46, 20)

Das alttestamentliche Buch Jesus Sirach ist eine Sammlung von Lebens- und Verhaltensregeln, mit denen sich der Verfasser vor allem an die Jugend wendet, um sie für die Aufgaben und Schwierigkeiten des Lebens zu rüsten. Dazu gehört auch das Lob der Väter, ein Überblick über die alttestamentliche Heilsgeschichte, was den jungen Juden Modelle geben und das Vertrauen stärken soll, daß Gott auch heute in seinem Volke wirke. Zu diesen großen Ahnen gehörte auch Samuel (Sir 46, 13–20), „geschätzt von seinem Volk, geliebt von seinem Schöpfer ... Ein unvergeßlicher Prophet ... Bis zu seinem Ende zeigte sich seine Weisheit vor Gott und allen Menschen. Er wurde sogar befragt, nachdem er schon gestorben war ..."

Von dieser Schilderung, die man sehr leicht auch auf Johannes XXIII. anwenden kann, weckt jetzt nach dem Tode dieses Papstes der letzte Satz unser besonderes Interesse. Die Bibel von Jerusalem übersetzt ihn so: „Auch nach seinem Tode noch wurde er befragt." Sinngemäß könnte man es auch so verdeutlichen: „Auch nach seinem Tode noch wurde er als Prophet gehört."

Soll denn nach Angelo Roncallis Tod auch seine Ära zu Ende gegangen sein? Hales fragt so: „Waren diese wenigen, außergewöhnlichen Jahre nur ein Traum gewesen, als die Welt glaubte, daß die Kirche nach allem vielleicht doch helfen könne, die Menschheit durch die angsterregenden Wirren zu führen, den Krieg zu vermeiden, die Not zu lindern und den gesunden Menschenverstand wieder zur Geltung zu bringen? Diese Jahre der ungewöhnlichen Ereignisse, als Kurienkardinäle Unglückspropheten genannt wurden und die Menschen hören konnten, daß sie ein Recht zur Anbetung Gottes nach ihrem Gewissen hätten, als die ‚New York Times' zur Gänze ‚Pacem in terris' abdruckte, als der Papst einen Friedenspreis erhielt, als die Katholiken kommunistisch wählen durften, Chruschtschow in Rom erwartet wurde?"

Dieser Papst hat nicht nur fünf Jahre geleuchtet und das Klima der Welt und der Kirche verändert. Er hat eine neue Ära begonnen, die weiterdauern wird. Die Bischöfe des Konzils und der Glaubenssinn des Volkes haben das verstanden und werden sich für das Weiterdauern dieser Ära einsetzen. Jede Zeit braucht und verehrt „ihre" Heiligen. So erweist das Volk Gottes diesem Manne spontan eine öffentliche Verehrung – eine Voraussetzung für die Heiligsprechung. Der kleine Ort Sotto il Monte, der nach dem Tode seines größten Bürgers offiziell umbenannt wurde in „Sotto il Monte Giovanni XXIII.", wird an Sonntagen zu einem Mekka, voll von Autos, Bussen und Menschenscharen aus Italien und den umliegenden Ländern. Die reformierte Leiterin eines Reisebüros in Zürich, die selbst oft auch Gruppen durch Rom führt, erzählte mir, wie am Grabe des Roncalli-Papstes die Leute jeweils, Katholiken wie Protestanten, spontan einen Ausdruck von Rührung, Verehrung und Hoffnung von sich geben.

Ein heiliger Papst? Ein Modell unserer Heiligkeit? Die Art seiner Frömmigkeit mit der ängstlich-gewissenhaften Einhaltung der äußeren Gebetsübung, sein Tagebuch mit dem „devoten Stil aus penetrant klerikalem Milieu" (L. Kaufmann) mögen uns heute nicht mehr ohne weiteres zusagen, müssen wir aber auch nicht ohne weiteres nachahmen. Freilich, sein inneres Gleichgewicht in allem, seine Gelassenheit, sein unerschütterliches und aufrichtendes Gottvertrauen könnten mit Vorteil auch unsere Alltagsspiritualität prägen, wie es J. Haas in einem neuen Johannes-Buch aufgezeigt hat. Und nur jene hätten ein Recht zur Kritik, die mit ihrer anderen, „heutigen" Frömmigkeit wenigstens annähernd die gleiche Wirkung auf geschichtliche Strahlung erzielten, wie es Angelo Roncalli gelungen ist.

Dieser Papst war übrigens nicht „bloß" fromm. Bei all seiner Bescheidenheit steht er vor der Geschichte da als der „Jahrtausendpapst" mit seinem „Jahrtausend-Konzil". In der Tat, alle früheren Konzilien können im Grunde nicht „ökumenische", gesamtkirchliche Konzilien genannt werden. Sie waren nur Versammlung von Ortskirchen, die ersten acht im Osten, mit ganz wenigen Gastbischöfen aus dem Westen (freilich hat sie je der Bischof von Rom im Namen der Gesamtkirche approbiert), die anderen zwölf im Westen. Das Zweite Vatikanische Konzil mit Bischöfen aus allen Kontinenten der Erde geht nun als erstes Konzil der (römisch-katholischen) Weltkirche in die Geschichte ein. Vielleicht wird es auch das letzte seiner Art bleiben. Denn inzwischen hat sich die Zahl der damals 2 500 Bischöfe verdoppelt. Eine solche „Mammut-Versammlung" wäre fast nicht mehr machbar.

Zudem drängt sich für die Zukunft die Idee von Kontinental-Konzilien (nicht bloß Synoden!) auf. Denn der übersteigerte Zentralismus der letzten Jahrzehnte weckt den berechtigten Widerstand der Ortskirchen und führt sich selbst ad absurdum. Zudem und vor allem mühen sich heute die verschiedenen Kontinental-Kirchen mit je eigenen Problemen ab, die nicht sinnvoll auf einer Gesamtversammlung besprochen und gelöst werden könnten. Wie es im ersten Jahrtausend die Pentarchia gab, die fünf Patriarchate Jerusalem, Antiochia, Alexandria, Konstantinopel und Rom, mit je eigenen Gebieten und voller Autonomie, und alle zusammen die eine „katholische", umfassende Kirche darstellten, so müßte es für die Zukunft fünf Kontinental-Zentren der römisch-katholischen Kirche geben, fünf Patriarchate, und entsprechend dann auch Kontinental-Konzilien, so daß Lateinamerika autonom über die Fragen der Befreiungstheologie beraten und entscheiden könnte, Afrika über die Fragen der Inkulturation, Asien über den Dialog mit den Religionen, Euramerika über die Situation der Kirche in der säkularisierten Welt.

Das Zweite Vatikanische Konzil bildete also strukturell einen Höhepunkt und zugleich eine Wende. Johannes XXIII. kann mit Fug und Recht der „Jahrtausend-Papst" genannt werden, weil er das zweite Jahrtausend des Mittelalters, des Staatskirchentums, der Gegenreformation dem Ende zuführte und durch sein persönliches Modell und sein „Jahrtausend-Konzil" der Kirche eine Gestalt verlieh, die sie im dritten Jahrtausend prägen wird. Der alte Papst war gesandt, der Kirche wieder jugendliche Kraft zu verleihen, wie im Alten Testament alte Frauen unerwartet, durch göttliche Verheißung, schwanger wurden und dem Volk Propheten und Führer schenkten. Diese „johanneische Wende" wird also nicht bloß ein kurzer Traum gewesen sein, sondern wird, wie damals die „konstantinische Wende", eine neue und lange Phase der Kirchengeschichte eröffnen.

Wenn diese Vision Wirklichkeit werden soll, braucht es nun in der Kirche Männer und Frauen, die auf den Roncalli-Papst „auch nach seinem Tode wie auf einen Propheten hören" und in seinem Geiste handeln. Und wie das Konzil die Impulse aufgenommen, aber auch weiterentwickelt hat, so sollen wir jetzt das Konzil annehmen und zugleich seine Impulse weiterentwickeln und auf die immer neuen pastoralen Situationen anwenden. Wir bleiben dem Konzil treu, indem wir über seine Impulse hinausgehen, aber immer in der Richtung, die es angegeben hat. Am Ende von „Pacem in terris" spricht der Papst vom „Weg der Menschheit in eine grenzenlose Weite." Für uns könnte das heißen: Weite des Glaubens – Zukunft der Kirche. Unser Auftrag als Vermächtnis des Roncalli-Papstes!

Dieses Vermächtnis konkretisiert sich:

Im Wirken für eine Volk-Gottes-Kirche: Für Angelo Roncalli war zwar dieser Begriff noch fremd. Er lebte in einer Zeit, wo man im Zeichen der Gegenreformation Kirche praktisch identifizierte mit Hierarchie. Aber indem Johannes XXIII. dem Konzil die ihm zukommende volle Gewalt zugestand, ihm volles Vertrauen schenkte, die volle Verantwortung für alles, was das Konzil hervorbrachte, im voraus übernahm, kommt ihm auch ein Mitverdienst zu an dieser wichtigsten Entscheidung des Konzils, daß die Kirche als Volk Gottes zu sehen sei und die Hierarchie in dessen Dienst.

Mit diesem neuen Kirchenkonzept läßt sich leben und, trotz allen Tendenzen der Restauration und des Neoklerikalismus, an der Basis Kirche, Volk Gottes, sein, das sich ernst nimmt, das weiß, daß Jesus nicht bloß dem Petrus die Vollmacht gab, „zu binden und zu lösen" (Mt 16,18), sondern auch den Jüngern und Jüngerinnen der damaligen Gemeinde (Mt 18,18). So darf und soll dieses Volk Gottes die lutherische, die französische, die johanneische Revolution mutig durchführen, die Wende von der monarchischen zur demokratischen, oder theologisch ausgedrückt zur Communio-, zur Gemeinschaftskirche vollziehen und z.B. im Pfarrgemeinderat das beschließen, womit der materiellen oder seelischen Not der Menschen am besten abgeholfen werden kann. So wird man wieder Anschluß finden an das Urmodell von Kirche in Apg 15, wo es im Zusammenhang mit dem Apostelkonzil dreimal heißt: „Wir, die Apostel und die Ältesten, zusammen mit der ganzen Gemeinde, haben im Heiligen Geist beraten und beschlossen …" Das Erste Vatikanische Konzil hat den päpstlichen Primat ins Zentrum gestellt, das Zweite ergänzend die Bischöfe und die Ortskirche betont, das Dritte, falls es einmal eintritt, wird ganz vom Volk Gottes ausgehen und die Hierarchie relativieren, nicht eliminieren, sie ganz im Dienste des Volkes Gottes sehen, in dessen Animation, nicht Domination. Für diese Verlagerung kann man auf Pfarreiebene viel Vorarbeit leisten.

Im Wirken für eine pastorale Kirche: In diesem Punkt hat Johannes XXIII. einen direkteren, den entscheidenden Anstoß gegeben, indem er in der Eröffnungsansprache des Konzils ein neues Kirchenkonzept vorlegte. Also keine

Kirche der Imperatoren, der Professoren, der Legislatoren, sondern der Pastoren, welche die biblisch-liturgischen Aussagen vom gnädigen Gott ernst nehmen und darum nicht die Gesetze ins Zentrum stellen, sondern die Menschen mit ihren Nöten und Hoffnungen.

Wir dürfen diesen Impuls annehmen und in die Praxis umsetzen. Für uns gilt die Parole: Nicht (vor allem) Dogmen lehren, sondern Lebenshilfe gewähren und dadurch die Lebensqualität vermehren, mit einem Wort: pastoral handeln, mit „Gute-Hirten-Sorge", mit mütterlichem Verständnis die Menschen begleiten und sie heilen, wie Jesus – Sabbat-Gebot hin oder her – die Menschen geheilt hat. Das Thema „Frau in der Kirche" hat nicht bloß zu tun mit der Frage: Priesterweihe ja oder nein?, sondern vorerst mit mehr fraulichem, mütterlichem, Jesus-gemäßem Geist in der Männerkirche. Das Heilen am Sabbat, d.h. im Notfall Ausnahmen machen von der Norm, schafft Spannungen mit der Autorität, damals bei Jesus und heute bei uns. Aber man muß das in Kauf nehmen, in der Überzeugung, daß solche Weite des Glaubens der Kirche Zukunft gewährt.

Im Wirken für eine katholische = ökumenische Kirche: Auch hier haben wir den Impuls des Roncalli-Papstes aufzugreifen und trotz aller Stagnationen zum guten Ziele zu führen, den Ökumenismus der schönen Worte in einen Ökumenismus der mutigen Taten umzuwandeln. Die Publikationen der Fachleute (Rahner/Fries, Lehmann/Pannenberg, Cullmann s. Literaturverzeichnis) sagen uns, daß die verschiedenen Lehraussagen der Kirchen heute nicht mehr kirchentrennend wirken müßten, daß man nicht mehr einfach „Rückkehr der Getrennten" fordert, sondern „Einheit in versöhnter Vielfalt" vorsieht. Vor zwanzig Jahren konnte man noch hoffen, daß die großen Spaltungen – zu Beginn des Jahrtausends mit den Ostkirchen, in der Mitte des Jahrtausends mit den Reformationskirchen – noch in diesem Jahrtausend überwunden werden könnten und nicht ins nächste Jahrtausend hinübergeschleppt werden. Diese Hoffnung mußten wir leider aufgeben, nicht zuletzt aus mangelndem Mut der Kirchenautoritäten. Papst Johannes Paul II. ruft darum in seinem Schreiben „Zur Vorbereitung auf das Jubeljahr 2000" mit Recht dazu auf, die Sünden der Unterlassung bezüglich der von Gott gewollten Einheit gutzumachen, und tröstet uns damit, daß wir „der Überwindung der Spaltung des zweiten Jahrtausend sehr nahe" seien. Ähnlich in der Enzyklika „Ut omnes unus sint" 1995. Ob wir noch Überraschungen erleben können? Umso mehr muß an der Basis ein ökumenisches Klima geschaffen werden, bis einmal die Kirchenspitzen das zur Kenntnis nehmen und ihre Angst vor konkreten Schritten aufgeben. Wir sind dazu angehalten aus Treue zu unserer eigenen Identität. „Katholisch" heißt ja: „Über die ganze Erde hin", und „ökumenisch" besagt: „Der ganze bewohnte Erdkreis"; zwei verschiedene Worte für den gleichen Gedanken! Also sind alle Kirchen erst dann voll sie selbst, wenn sie sich in die Communio, d.h. in die Gemeinschaft der Kirchen, einbinden. Auf dem Weg der Bewußtseinsbildung könnten wir versuchen, drei Begriffe, die im zweiten Jahrtausend kirchentrennend wirkten, für das kommende dritte Jahrtausend als kirchenverbindend zu deuten:

– „evangelische Kirche": Dieser Begriff darf nicht mehr exklusiv für die protestantischen Kirchen gebraucht werden. Auch die Katholiken sind heute – hoffentlich – evangelische Christen. Wir können uns nur gegenseitig helfen, immer bessere evangelische Christen zu werden.

– „orthodoxe Kirchen": Rechtgläubige Kirchen sind heute auch die westlichen Kirchen. Trotz aller Entmythologisierung bleibt doch – hoffentlich – das unterscheidend und entscheidend Christliche erhalten.

– „katholische Kirche": Da müssen eigenartigerweise genau wir Katholiken sagen, daß wir noch zu wenig „katholisch" sind. Wir sind nur „römisch-katholisch". Das ist genau nicht, was im ersten Jahrtausend, als der Begriff aufkam, damit gemeint war, nämlich der Verband aller in sich selbständiger Kirchen, die sich auf Jesus Christus und sein Evangelium beriefen, zur einen Kirche unter dem Zeichen der Einheit, dem Bischof von Rom.

Wir Katholiken müssen also katholischer werden, um wieder ganz katholisch, auch ganz evangelisch, auch ganz orthodox zu sein. Das wäre die Weiterführung und Verdeutlichung des spontanen Impulses, den uns der Roncalli-Papst hinterlassen hat.

Im Wirken für eine Reich-Gottes-Kirche: Die überraschende, spontane, auf Veranlagung und Mystik begründete Umarmung der Welt durch Angelo Roncalli wurde vom Konzil theologisch untermauert durch den Gedanken der Beziehung der Kirche zum Reich Gottes. Vorher galt die Kirche als exklusive „Arche des Heiles" für die Geretteten, die drinnen sind, während die anderen in der Sintflut untergingen. Das Konzil hat diese Schau nicht übernommen, sondern wiederholt und deutlich die Kirche umschrieben als „signum universale salutis", als „Zeichen und Werkzeug des Heiles für alle Menschen".

Das ist für die Zukunft, wo die Kirchen insgesamt eine Minderheit darstellen – 32% der Weltbevölkerung, wovon die engagierten Christen wiederum vielleicht 10% ausmachen, also 3% der Weltbevölkerung! –, eine sehr tröstliche und zugleich realistische Deutung. Wir müssen uns damit abfinden, daß wir eine Minderheit bleiben, ohne deshalb einem Minderwertigkeitskomplex zu verfallen. Im Gegenteil, Minderheiten können lautstark und strahlend sein. Man denke an die „Sekten". Das Evangelium spricht vom „Salz der Erde" (Mt 5,13), das wir sein sollen. Salz hat eine typische Minderheitsfunktion. Ein wenig Salz kann schon genügen. So können wir also als einzelne glaubwürdige Christen, als einzelne kleine Gruppen oder Pfarrgemeinden Zeichen, Keime und Werkzeuge des Heiles sein für alle Menschen; unsere Stellvertretungsfunktion ernst nehmen, am Sonntag das Leiden Christi feiern „für uns und für alle", am Werktag glaubwürdige Gruppen eines alternativen Lebensstiles bilden, indem wir nicht einfach das mitmachen, was man denkt und tut, uns freimachen vom verkappten und oft brutalen Egoismus und Profitdenken, dafür vom Evangelium her das neue Denken der Liebe in die Tat umsetzen. Es kommt also darauf an, nicht mehr quantitativ zu denken, was uns bedrückt, dafür aber umso mehr die Welt qualitativ neu zu deuten im Licht der zuvorkommenden, allumfassenden, unbedingten Liebe Gottes, was uns beglücken wird.

Alle Menschen sind „noch nicht" in der Kirche und werden es offenbar nie sein. Aber alle Menschen sind „schon" im Reiche Gottes, in der Huld und Liebe Gottes. Aus diesem Denken heraus können auch wir, wie Johannes XXIII., die Menschen aller Kirchen und Religionen und die ganze Welt umarmen und mit ihnen die eine Menschheit Gottes bilden. Das schafft eine gesunde Mischung zwischen Eifer und Gelassenheit. Das kann man „johanneische Pastoral" nennen. Das bringt den „johanneischen Frühling" über die Welt. Das ist Weite des Glaubens, Wende zu Gottes Weite, Zukunft der Kirche!

Diese Vision, die uns der verstorbene Prophet noch vom Grabe aus übermittelt, wird nicht automatisch zur Wirklichkeit. Sie „wird" es erst durch unser Wirken für eine Volk-Gottes-Kirche, eine pastorale Kirche, eine katholisch-ökumenische Kirche, eine Reich-Gottes-Kirche. In diesem Werdeprozeß darf man ein Element nicht übersehen, das im christlichen Weltbild und darum auch im Leben des Roncalli-Papstes eine eminente Rolle spielte: das Leiden, das Kreuz! Damit kommen wir zum Ausgangspunkt zurück. „Der schmerzliche Weg eines Papstes": Das war der Leitgedanke dieses ganzen Buches. Ich meine damit, daß auch wir alles Unbefriedigende, Bedrückende, Frustrierende, das Leiden an uns selbst, das Leiden an der Kirche, mit in Kauf nehmen, daran wachsen, in dieser Haltung durchhalten sollen, bis einmal alles in Ordnung sein wird, nicht als Frucht unserer Leistung, sondern als die große Überraschung Gottes, als „das neue Pfingsten", das Johannes XXIII. verheißen und an das er, trotz allem Widerschein, unverbrüchlich geglaubt hat. So erwarten wir – mit dem Buch von F. Köster – Papst Johannes XXIV., der das von Johannes XXIII. Begonnene zum guten Ziele führen wird.

Lieber Bruder Johannes, ob Du einen Blinden sehen oder einen Lahmen gehen machst, also ein Wunder wirkst, wie es für die Seligsprechung erfordert wird, das ist nicht unsere Sorge. Daß Du uns in Deinem Geiste wirken läßt, ist Wunders genug. Ermutige uns dazu, uns zulieb und den Menschen zulieb!

Literaturverzeichnis

Allegri, R.: Johannes XXIII. „Papst kann jeder werden. Der beste Beweis bin ich." München 1994.

Capovilla, L.F.: Papa Giovanni XXIII. Gran sacerdote, come lo ricordo. Roma 1977.

Ders.: Giovanni XXIII. Papa di transizione, Roma 1979.

Ders.: Giovanni XXIII. Un santo della mia parrocchia. Bergamo 1993.

Ders.: Angelo Roncalli Giuseppe, Souvenirs d'un Nonce, Roma 1963. (Auch deutsch: Erinnerungen eines Nuntius).

Cullmann, O.: Einheit durch Vilefalt. Tübingen 1986.

Haas, J.: Gelassen leben. Zehn Tips von Johannes XXIII. Freiburg/Schweiz 1994.

Hales, E.E.Y.: Die große Wende. Johannes XXIII., seine große Revolution, Graz 1966.

Hebblethwaite, P.: Johannes XXIII. Das Leben des Angelo Roncalli. Zürich 1986.

Johannes XXIII: Geistliches Tagebuch, Freiburg i.Br. 1964.

Ders.: Briefe an die Familie. Das weltliche Tagebuch des Papstes, Freiburg i.Br. 1971. (In der italienischen Ausgabe zwei Bände).

Ders.: Leben und Werke. Eine Dokumentation in Text und Bild. Herausgegeben von der Herder Korrespondenz, Freiburg i.Br. 1963.

Kaufmann, L./Klein, N.: Johannes XXIII. Prophetie im Vermächtnis. Fribourg/Brig 1990.

Klinger, K.: Ein Papst lacht. Frankfurt a.M. 1966.

Lehmann, K./Pannenberg, W.: Lehrverurteilungen – kirchentrennend? Freiburg i.Br./Göttingen 1986.

Lercaro, G. Kardinal: Johannes XXIII. Entwurf eines neuen Lebensbildes. Freiburg i.Br. 1967.

Pesch, O.H.: Das Zweite Vatikanische Konzil. Würzburg 1993.

Rahner K./Fries, H.: Einigung der Kirchen – reale Möglichkeit. Freiburg i.Br. 1983.

Anhang

Ansprache Papst Johannes' XXIII. zur Eröffnung des Zweiten Vatikanischen Konzils (11. Oktober 1962)

Es folgt hier die neue deutsche Übersetzung von N. Klein aus dem Buch: Johannes XXIII. Prophetie im Vermächtnis, Edition Exodus, Fribourg ²1992. In den Fußnoten wird auf die Abweichungen aufmerksam gemacht, indem zuerst die neue Übersetzung aus dem italienischen Originaltext des Papstes steht und nach dem Schrägstrich die entsprechende „Verbesserung" im offiziellen lateinischen Text der Kurie.

[1] Ehrwürdige Brüder! Heute freut sich die Kirche, unsere Mutter, denn durch die besondere Gnade der göttlichen Vorsehung ist der langersehnte Tag angebrochen, an dem das Zweite Ökumenische Vatikanische Konzil feierlich hier am Grab des heiligen Petrus unter dem Schutz der jungfräulichen Gottesmutter, deren Würde wir heute feiern, beginnt.

Die Ökumenischen Konzilien in der Geschichte der Kirche

[2] Die Abfolge der einzelnen Konzilien, wie sie im Verlaufe der Geschichte gefeiert wurden – die zwanzig Ökumenischen Konzilien wie zahllose Provinzial- und Regionalkonzilien von einiger Bedeutung – bezeugt klar die Vitalität der katholischen Kirche. Sie sind markante Momente in ihrer Geschichte. Der gegenwärtige, unbedeutende Nachfolger des heiligen Petrus[1], der jetzt zu euch spricht, wollte mit seiner Entscheidung, eine solche feierli-

---

[1] heiligen Petrus / des Apostelfürsten

che Versammlung einzuberufen, die Kontinuität des kirchlichen Lehramtes[2] von neuem bekräftigen; indem dieses nämlich die Fehlentwicklungen[3], die Herausforderungen und die Chancen des modernen Zeitalters[4] berücksichtigt, zeigt es sich allen Menschen unserer Zeit auf außergewöhnliche Weise.

[3] Ganz spontan blicken wir[5] zu Beginn dieses Allgemeinen Konzils auf die Vergangenheit zurück: Wie Stimmen, deren Echo uns ermutigt, wollen wir die Erinnerung an die verdienstvollen Taten unserer Vorgänger[6], der Päpste aus ferner und naher Vergangenheit, wieder wachrufen. Es sind beeindruckende und verehrungswürdige Stimmen, die das Zeugnis der Konzilien des Ostens und des Westens, vom vierten Jahrhundert über das Mittelalter bis in die Neuzeit übermitteln. So verkünden sie ständig den Ruhm dieser göttlichen und menschlichen Institution, d.h. der Kirche, die von Jesus[7] ihren Namen, ihre Gnadengaben und ihre Wesensbestimmung erhält. Obwohl wir so Grund zur Freude haben, bleibt es dennoch wahr, daß diese Geschichte der letzten neunzehn Jahrhunderte auch von Schmerzen und von Prüfungen[8] überschattet ist. Nicht ohne Grund hat der Greis Simeon zu Maria, der Mutter Jesu, die in Vergangenheit und Gegenwart bestätigte Prophetie gesprochen: „Durch dieses Kind werden viele zu Fall kommen und viele aufgerichtet werden, und es wird ein Zeichen sein, dem widersprochen werden wird." (Lk 2,34) Und Jesus selbst hat in seinem öffentlichen Auftreten mit deutlichen, auf ein abgründiges Geheimnis hindeutenden Wor-

---

[2] die Kontinuität des kirchlichen Lehramtes / des kirchlichen Lehramtes, das niemals fehlte und bis ans Ende der Zeiten besteht
[3] Fehlentwicklungen / Irrtümer
[4] modernen Zeitalters / unserer Zeit
[5] blicken wir / blickt der Stellvertreter Christi
[6] unserer Vorgänger / *fehlt*
[7] von Jesus / vom göttlichen Erlöser
[8] von Prüfungen / von Bitternissen

ten gesagt, wie die Menschen im Verlaufe der Jahrhunderte sich ihm gegenüber verhalten werden: „Wer nicht für mich ist, der ist gegen mich; wer nicht mit mir sammelt, der zerstreut" (Lk 11,23).

[4] Die große Herausforderung[9], vor die sich die Menschheit gestellt sieht, besteht auch nach fast 2 000 Jahren unverändert weiter. In seiner Herrlichkeit[10] macht Christus immer noch die Mitte der Geschichte und des Lebens aus. Entweder schließen sich die Menschen ihm und seiner Kirche an; dann haben sie Anteil an Einsicht, Güte, Ordnung und Frieden. Oder sie sind ohne ihn, gar gegen ihn und bewußt gegen seine Kirche[11]; dann herrscht Verwirrung, Verwilderung der menschlichen Beziehungen und die dauernde Drohung von Kriegen der Menschen gegeneinander. Jedesmal, wenn ein Ökumenisches Konzil gefeiert wird, findet damit die Einheit zwischen Christus und seiner Kirche in feierlicher Weise Ausdruck[12]. So trugen die Ökumenischen Konzilien zur umfassenden Verbreitung der Wahrheit, zur sachgemäßen Lebensorientierung der einzelnen Menschen, der Familien und der Gesellschaft bei. Sie stärkten die geistigen Kräfte, indem sie sie zu den wahren und ewigen Gütern lenkten. Die Zeugnisse des außerordentlichen Lehramtes der Kirche[13] im Verlaufe der verschiedenen Epochen in den zwanzig Jahrhunderten der Geschichte des Christentums liegen uns gesammelt vor in vielen und eindrucksvollen Bänden: ein unveräußerliches Erbe, das uns die kirchlichen Archive in Rom und berühmte Bibliotheken der ganzen Welt aufbewahren.

[9] Die große Herausforderung / Die schweren Sorgen und Fragen
[10] In seiner Herrlichkeit; *fehlt*
[11] bewußt gegen seine Kirche / verweilen bewußt außerhalb der Kirche [extra ecclesiam]
[12] findet Ausdruck / wird bezeugt
[13] der Kirche / der Kirche, nämlich der universalen Synoden

[5] Was die Initiative für dieses große Vorhaben betrifft, das uns hier zusammenführt, genüge zum geschichtlichen Nachweis das Zeugnis unserer bescheidenen persönlichen Erfahrung: Am Anfang waren es Überlegungen, die uns spontan überkamen und die wir für uns allein erwogen, bis wir sie dann mit dem einen Wort „Ökumenisches Konzil" vor dem ehrwürdigen Kollegium der Kardinäle am denkwürdigen 25. Januar 1959, am Fest Pauli Bekehrung, in der Basilika St. Paul vor den Mauern[14] geäußert haben. Unerwartete Zustimmung, eine vom Geist Gottes inspirierte Einsicht, freudige Anteilnahme in den Augen, in den Herzen: alles in allem große Begeisterung, die auf der ganzen Welt großes Interesse für die Durchführung des Konzils wachrief. Drei Jahre intensiver Vorbereitung haben einen breiteren und vertieften Prozeß des Lernens und des Fragens nach den gegenwärtigen Bedingungen für Glauben, für religiöse Praxis, für die Lebensfähigkeit des Christentums überhaupt und speziell des Katholizismus eingeleitet. So zeigt sich die Vorbereitungszeit als ein erstes Zeichen, eine erste Gabe der göttlichen Gnade.[15]

[6] Wir vertrauen unerschütterlich darauf, daß die Kirche, durch dieses Konzil inspiriert, an geistlichem Reichtum wachsen und so mit neuer Kraft gestärkt mutig in die Zukunft blicken wird. Es ist unsere feste Zuversicht: Durch ein angemessenes Aggiornamento und durch eine kluge

---

[14] St. Paul vor den Mauern / St. Paul vor den Mauern an der Via Ostia
[15] Drei Jahre … göttlichen Gnade / Inzwischen ist in den drei Jahren ein arbeitsreiches Werk zur Vorbereitung des Konzils bewältigt worden. Es führte dazu, daß genau und ausgiebig erforscht wurde, in welchem Ansehen heute der Glaube, das religiöse Leben und die Kraft des christlichen, vor allem des katholischen Volkes stehen. Daher ist uns diese Zeit der Vorbereitung des ökumenischen Konzils nicht ohne Grund als ein erstes Zeichen und eine Gabe himmlischer Gnade erschienen.

Organisation der gegenseitigen Zusammenarbeit[16] wird die Kirche erreichen, daß die einzelnen Menschen, die Familien und die Völker mit größerer Aufmerksamkeit die himmlischen Dinge beachten. Deshalb ist die Feier des Konzils ein außergewöhnlicher Grund zur Dankbarkeit gegenüber dem Spender aller guten Gaben. Deshalb preisen wir mit Lobgesang die Ehre unseres Herrn Jesus Christus, des siegreichen und unsterblichen Königs der Zeiten und der Völker.

Die Zeit ist gekommen

[7] Ehrwürdige Brüder, es gibt noch ein anderes Argument, das zu beachten hilfreich ist. Um unsere Freude zu vergrößern, wollen wir vor dieser großen Versammlung die günstigen und ermutigenden Umstände hervorheben, unter denen dieses Ökumenische Konzil beginnt.

[8] In der täglichen Ausübung unseres Hirtenamtes verletzt es uns, wenn wir manchmal Vorhaltungen von Leuten anhören müssen, die zwar voll Eifer, aber nicht gerade mit einem sehr großen Sinn für Differenzierung und Takt begabt sind. In der jüngsten Vergangenheit bis zur Gegenwart nehmen sie nur Mißstände und Fehlentwicklungen zur Kenntnis. Sie sagen, daß unsere Zeit sich im Vergleich zur Vergangenheit nur zum Schlechteren hin entwickle. Sie tun so, als ob sie nichts aus der Geschichte gelernt hätten, die doch eine Lehrmeisterin des Lebens ist, und als ob bei den vorausgegangenen Ökumenischen Konzilien Sinn und Geist des Christentums, gelebter Glaube und eine gerechte Anwendung der Freiheit der Religion[17] sich in allem hätten durchsetzen können. Wir müssen diesen Unglückspropheten widersprechen, die immer nur Unheil

---

[16] gegenseitige Zusammenarbeit / gegenseitige Unterstützung
[17] Freiheit der Religion / Freiheit der Kirche

voraussagen, als ob der Untergang der Welt unmittelbar bevorstünde.

[9] In der gegenwärtigen Situation werden wir von der göttlichen Vorsehung zu einer allmählichen Neuordnung der menschlichen Beziehungen geführt. Sie wirkt mit den Menschen zusammen; aber sie verfolgt über deren Erwartungen hinaus ihren eigenen Plan. Alles, sogar was die Menschen dagegen tun, wendet sie zu dem, was für die Kirche das Bessere ist. Dieser Zusammenhang läßt sich mühelos erkennen, wenn man die gegenwärtige Welt betrachtet. Sie ist bestimmt durch politische und ökonomische Auseinandersetzungen, die für die Sorge um den Glauben – wie sie dem kirchlichen Lehramt aufgetragen ist – wenig Zeit läßt. Das ist alles andere als gut und kann nicht einfach gebilligt werden. Aber man kann trotzdem nicht bestreiten, daß es unter den neu gegebenen Bedingungen des modernen Lebens ein Vorteil ist, daß jene vielen Hindernisse ausgeräumt sind, mit denen einst Staaten das freie Handeln der Kirche eingeschränkt haben. Es genügt in der Tat ein flüchtiger Blick auf die Kirchengeschichte, um deutlich zu erkennen, daß die Ökumenischen Konzilien, die doch eine Folge von Ruhmestaten für die katholische Kirche waren, wegen unzulässiger Einmischung staatlicher Autoritäten unter schwierigsten und traurigen Umständen abgehalten werden mußten. Auch wenn die Herrscher manchmal dabei die aufrichtige Absicht hatten, dem Schutz der Kirche zu dienen, so geschah dies meistens doch nicht ohne Schaden und Gefahr für den Glauben, sooft sie eine eigennützige und gefährliche Politik verfolgten.

[10] Bei dieser Gelegenheit möchte ich euch nicht unseren tiefen Schmerz ob der Abwesenheit vieler uns nahestehender Bischöfe verhehlen. Sie sind wegen ihrer Treue zu Christus im Gefängnis, oder sie sind durch andere Umstände verhindert. Der Gedanke an sie veranlaßt uns zu inständigem Gebet. Trotz allem: Heute sind wir getröstet und voll Hoffnung, wenn wir die Kirche sehen, wie sie im jetzigen

Augenblick, von den vielen weltlichen Hindernissen der Vergangenheit befreit, hier von der Vatikanischen Basilika aus wie bei einem neuen Pfingsten durch euch ihre Stimme mit Würde und Größe erhebt.

Was haben wir zu tun?

[11] Die Hauptaufgabe des Konzils besteht darin, das unveräußerliche Überlieferungsgut der christlichen Lehre wirksamer zu bewahren und zu lehren. Diese Lehre betrifft den ganzen Menschen mit Leib und Seele. Der Mensch ist ein Pilger auf dieser Erde, und sie heißt ihn, nach dem Himmel zu streben. Und zwar zeigt sie, wie unser irdisches Leben zu führen ist, damit wir unsere Pflichten als Bürger der Erde wie des Himmels erfüllen und so das von Gott gewiesene Ziel erreichen können. Das heißt: Alle Menschen, einzeln oder in Gemeinschaft, haben die Pflicht, solange dieses Leben währt, ohne Unterlaß nach den himmlischen Gütern zu streben und die irdischen Güter so zu gebrauchen, daß dabei nicht ein Hindernis für die ewige Seligkeit entsteht. Christus der Herr hat gesagt: „Euch muß es zuerst um das Reich Gottes und um seine Gerechtigkeit gehen." (Mt 6,33) Dieses Wort „zuerst" macht uns darauf aufmerksam, worauf wir unsere Überlegungen und Anstrengungen richten sollen. Man soll aber nicht die zweite Hälfte des gleichen Herrengebotes außer acht lassen: „Dann wird euch alles andere dazugegeben." In der Tat gab es immer wieder und gibt es noch weiterhin in der Kirche Menschen, die mit allen Kräften die vom Evangelium geforderte Vollkommenheit zu realisieren suchen und dabei den Einsatz für die Gesellschaft nicht vernachlässigen. Von ihrem dauerhaft geübten, beispielhaften Leben und von ihrem Einsatz für die Nächstenliebe wird das, was es an Gutem und Edlem in der menschlichen Gesellschaft gibt, nachhaltig gefördert und gestärkt.

[12] Damit aber diese Lehre die vielen und verschiedenen Bereiche menschlicher Aktivitäten erreicht, den Einzelnen, die Familien wie die Gesamtgesellschaft, ist es vor allem notwendig, daß die Kirche sich nicht von der unveräußerlichen Glaubensüberlieferung abwendet, die sie aus der Vergangenheit empfangen hat. Gleichzeitig muß sie auf die Gegenwart achten, auf die neuen Lebensverhältnisse und -formen, wie sie durch die moderne Welt geschaffen wurden. Diese haben neue Wege für das Apostolat der Katholiken eröffnet.

[13] Deshalb blieb die Kirche nicht untätig angesichts des erstaunlichen Fortschritts dank der Entdeckungen menschlicher Erfindungsgabe, und sie hielt mit einer gerechten Beurteilung desselben nicht zurück. Während sie aber diese Entwicklungen verfolgte, hat sie die Menschen unablässig[18] ermahnt, ihren Blick über die irdischen Dinge hinaus auf Gott, den Ursprung jeder Weisheit und Schönheit, zu richten. Sie hat das entscheidende Gebot „Vor dem Herrn, deinem Gott, sollst du dich niederwerfen und ihm allein dienen" (Mt 4,10; Lk 4,8) nicht vergessen lassen, damit nicht die vergängliche Faszination durch irdische Dinge den wirklichen Fortschritt verhindere.

Der springende Punkt

[14] Aus dem bisher Gesagten[19] wird deutlich[20], was vom Konzil für die Verkündigung der Lehre erwartet werden soll[21]: Das 21. Ökumenische Konzil, das sich einen effizi-

[18] die Menschen unablässig / die Menschen, denen gesagt wurde: „Macht euch die Erde untertan und herrscht über sie" (Gen 1,28), unablässig
[19] bisher Gesagten / bisher Gesagten, Ehrwürdige Brüder
[20] wird deutlich / wird hinreichend deutlich
[21] was vom Konzil für die Verkündigung der Lehre erwartet werden soll / die Bereiche, die betreffs der Lehre dem Ökumenischen Konzil aufgetragen sind

enten und bedeutsamen Reichtum[22] an Erfahrungen im Bereich des Rechts, der Liturgie, der Pastoral und der Administration zu Nutze machen kann, will die Glaubenslehre rein und unvermindert, ohne Abschwächung und Entstellung weitergeben, wie sie im Verlaufe von zwanzig Jahrhunderten[23] nicht ohne Schwierigkeiten und Kontroversen zum gemeinsamen Erbe[24] der Menschen wurde; ein Erbe, das nicht von allen wohlwollend angenommen wurde, aber ein Reichtum[25], der immer allen Menschen guten Willens erreichbar war. Unsere Aufgabe ist es nicht[26] nur, diesen kostbaren Schatz zu bewahren, als ob wir uns nur um Altertümer kümmern würden. Sondern wir wollen uns mit Eifer und ohne Furcht der Aufgabe widmen[27], die unsere Zeit fordert. So setzen wir den Weg fort, den die Kirche im Verlaufe von zwanzig Jahrhunderten gegangen ist.

[15] Der springende Punkt für dieses Konzil ist es also nicht[28], den einen oder den anderen der grundlegenden Glaubensartikel zu diskutieren, wobei die Lehrmeinungen der Kirchenväter, der klassischen und zeitgenössischen Theologen ausführlich dargelegt würden. Es wird vorausgesetzt, daß all dies hier wohl bekannt und vertraut ist. Dafür braucht es kein Konzil[29]. Aber von einer wiedergewonnenen, nüchternen und gelassenen Zustimmung zur umfassenden Lehrtradition der Kirche, wie sie in der Gesamttendenz und in ihren Akzentsetzungen in den Akten

[22] bedeutsamen Reichtum / hochzuschätzenden Reichtum
[23] Verlaufe von zwanzig Jahrhunderten / *fehlt*
[24] zum gemeinsamen Erbe / wie zum gemeinsamen Erbe
[25] aber ein Reichtum / aber wie ein Reichtum
[26] ist es nicht / ist es aber nicht
[27] der Aufgabe widmen / jene Aufgabe verfolgen
[28] Der springende Punkt dieses Konzil ist es also nicht / Es ist auch nicht unsere Sache, gemeinsam in erster Linie
[29] Dafür braucht es kein Konzil / Denn nur für Disputationen dieser Art war es nicht nötig, ein Konzil einzuberufen

des Trienter Konzils und auch des Ersten Vatikanischen
Konzils erkennbar ist, erwarten jene, die sich auf der ganzen Welt zum christlichen, katholischen und apostolischen
Glauben bekennen, einen Sprung nach vorwärts, der einem vertieften Glaubensverständnis und der Gewissensbildung zugute kommt[30]. Dies soll zu je größerer Übereinstimmung mit dem authentischen Glaubensgut führen,
indem es mit wissenschaftlichen Methoden erforscht und
mit den sprachlichen Ausdrucksformen des modernen
Denkens dargelegt wird[31]. Denn eines ist die Substanz der
tradierten Lehre, d.h. des *depositum fidei*; etwas anderes ist
die Formulierung, in der sie dargelegt wird[32]. Darauf ist –
allenfalls braucht es Geduld – großes Gewicht zu legen,
indem alles im Rahmen und mit den Mitteln eines Lehramtes von vorrangig pastoralem Charakter geprüft wird.[33]

[30] Aber von einer wiedergewonnenen ... zugute kommt / Heute ist es
wahrhaftig nötig, daß die gesamte christliche Lehre ohne Abstriche in
der heutigen Zeit von allen durch ein neues Bemühen angenommen
werde. Heiter und ruhigen Gewissens müssen die überlieferten Aussagen, die aus den Akten des Trienter Konzils und vor allem des Ersten
Vatikanums hervorgehen, daraufhin genau geprüft und interpretiert werden. Es muß, was alle ernsthaften Bekenner des christlichem, katholischen und apostolischen Glaubens leidenschaftlich erwarten, diese Lehre in ihrer ganzen Fülle und Tiefe erkannt werden, um die Herzen
vollkommener zu entflammen und zu durchdringen.
[31] Dies soll zu: ... dargelegt wird / Ja, diese sichere und beständige Lehre,
der gläubig zu gehorchen ist, muß so erforscht und ausgelegt werden,
wie unsere Zeit es verlangt.
[32] Denn eines ist ... dargelegt wird / Denn etwas anderes ist das depositum fidei oder die Wahrheiten, die in der zu bewahrenden Lehre enthal-
ten sind, und etwas anderes ist die Art und Weise, wie sie verkündet
werden, freilich im gleichen Sinn und derselben Bedeutung.
[33] Darauf ist ... geprüft wird / Hierauf ist viel Aufmerksamkeit zu verwenden; und, wenn es not tut, muß geduldig daran gearbeitet werden,
d.h. alle Gründe müssen erwogen werden, um die Fragen zu klären, wie
es einem Lehramt entspricht, dessen Wesen vorwiegend pastoral ist.

[16] Am Beginn des Zweiten Vatikanischen Konzils ist es klarer denn je, „daß die Wahrheit des Herrn in Ewigkeit bleibt". Wir sehen ja, wie im Wechsel der Epochen einander entgegengesetzte Meinungen[34] der Menschen aufeinander folgen und wie Irrtümer, kaum entstanden, wie der Morgennebel vor der Sonne vergehen. Die Kirche war immer im Widerspruch zu solchen Irrtümern; manchmal hat sie diese auch mit größter Strenge verurteilt. Heutzutage zieht es die Braut Christi vor, eher das Heilmittel der Barmherzigkeit zu gebrauchen als das der Strenge[35]. Sie ist davon überzeugt, daß es dem jetzt Geforderten besser entspricht, wenn sie die Triftigkeit ihrer Lehre nachweist[36], als wenn sie eine Verurteilung ausspricht. Dies bedeutet nicht, daß es heute nicht an irreführenden Lehren, Meinungen und gefährlichen Schlagworten[37] fehlen würde, vor denen man sich hüten und die man ablehnen muß. Aber sie stehen so deutlich im Gegensatz zur geforderten Norm rechten Verhaltens, und sie haben so verhängnisvolle Folgen gezeitigt, daß es den Menschen heute von selber klar wird, daß sie zu verurteilen sind. Das betrifft vor allem jene Lebensweisen, die zur Verachtung Gottes und seiner Gebote führen, das übertriebene Vertrauen in die Fortschritte der Technik, ein Wohlergehen, das sich ausschließlich nach dem Lebensstandard bemißt. Zunehmend sind die Menschen vom überragenden Wert der Würde der menschlichen Person überzeugt und daß sie mehr Beachtung und

---

[34] einander entgegengesetzte Meinungen / einander entgegengesetzte ungewisse Meinungen
[35] als das der Strenge / als die Waffe der Strenge
[36] Triftigkeit ihrer Lehre nachweist / die Kraft ihrer Lehre ausgiebig zu erklären
[37] irreführenden Lehren, Meinungen und gefährlichen Schlagworten / irreführenden Lehren, Meinungen und zu meidenden Gefahren

Engagement verdient. Was aber am meisten zählt: Die Erfahrung hat die Menschen gelehrt, daß die Gewalt, die sie einander zufügen, daß Rüstungspotentiale und politische Hegemonie ungeeignet sind für eine erfolgreiche Lösung der schwierigen Probleme, unter denen sie leiden.

[17] So erhebt die katholische Kirche mit diesem Ökumenischen Konzil die Fackel des Glaubens. So will sie sich als eine für alle liebevolle, gütige und geduldige Mutter erweisen, voll Barmherzigkeit und Wohlwollen gerade jenen Kindern gegenüber, die sich von ihr entfernt haben. Wie Petrus zum Bettler, der ihn um Almosen bat, sagt sie angesichts der notleidenden Menschen: „Silber und Gold besitze ich nicht. Doch was ich habe, das gebe ich dir: Im Namen Jesu Christi, des Nazaräers, steh auf und geh umher!" (Apg 3,6) Die Kirche bietet den Menschen heute weder vergänglichen Reichtum noch irdisches Glück. Sie gibt ihnen mit der Würde der Gotteskindschaft Anteil an vielen Gnadengaben und einen wirksamen Schutz und eine Hilfe für ein menschlicheres Leben. Sie öffnet [ihnen] den Zugang zur lebenspendenden Quelle, der Lehre, die die Menschen im Lichte Christi erkennen läßt, wer sie in Wahrheit sind, welche Würde ihnen zukommt und was ihre Bestimmung ist. Schließlich läßt sie durch ihre Söhne [und Töchter, Anm. d. Übers.] christliche Liebe überall sich voll auswirken, in dem sie die Zwietracht an der Wurzel beseitigt, Eintracht, gerechten Frieden und Geschwisterlichkeit aller Menschen fördert.

Auf der Suche nach der Einheit

[18] In ihrer Sorge für die Ausbreitung und Bewahrung der Wahrheit beruft sich die Kirche darauf, daß nach der Absicht Gottes „alle Menschen gerettet und zur Erkenntnis der Wahrheit gelangen" sollen. (1 Tim 2,4) Darum können die Menschen nur mit Hilfe der unversehrten Offen-

barung eine umfassende und dauerhafte Einheit der Herzen erreichen, mit der wahrer Friede und ewiges Heil verbunden sind. Diese sichtbare, in der Wahrheit gegründete Einheit hat aber die christliche Gemeinschaft noch ganz und gar nicht erreicht.

[19] Die katholische Kirche sieht es als ihre Pflicht an, sich mit Nachdruck dafür einzusetzen[38], daß „das große Geheimnis" der Einheit sich voll offenbart. Um dies hat Jesus Christus am Vorabend seines Opfertodes zu seinem himmlischen Vater inständig gebetet. Die Kirche weiß, daß sie in dieses Gebet Christi einbezogen ist und ihr damit das Glück des Friedens zugesichert ist. Auch macht es sie froh, wenn sie sieht, wie dieses Gebet auch bei jenen, die außerhalb ihrer Gemeinschaft stehen, Frucht trägt und Heil bringt. Ja, wenn wir es recht bedenken, bricht das Licht der Einheit, um die Christus für seine Kirche gebetet hat, in drei Strahlen: die Einheit der Katholiken untereinander, die als Vorbild ungebrochen bewahrt werden muß, die Einheit mit den vom apostolischen Stuhl getrennten Christen, deren Gebet und leidenschaftliche Hoffnung darauf abzielt, daß wir wieder zusammengeführt werden, endlich die Einheit, die die noch nicht christlichen Religionen mit der katholischen Kirche in Wertschätzung und Respekt verbindet. In dieser Sicht schmerzt es, wenn wir bedenken, daß Jesus sein Blut zur Erlösung aller Menschen vergossen hat, und sehen müssen, daß der größere Teil der Menschheit noch keinen Zugang zu den Quellen der Gnade hat, die ihnen die katholische Kirche zuleiten könnte. Und so kommen uns beim Gedanken an das Licht und die Kraft übernatürlicher Einheit, die von der katholischen Kirche her der ganzen Menschheit zugute kommt, die Worte des heiligen Cyprian in den Sinn: „Die vom Herrn erleuchtete Kirche sendet über den ganzen Erdkreis ihre Strahlen aus. Dennoch ist es nur *ein* Licht, das überallhin flutet, ohne

---

[38] sich einzusetzen / sich anstrengen

daß die Einheit des Körpers aufgelöst wird. Ihre Zweige streckt sie in reicher Fülle aus über die ganze Erde hin, mächtig hervorströmende Bäche läßt sie immer wieder sich ergießen. Und dennoch gibt es nur eine Quelle, nur einen Ursprung, nur eine Mutter, die mit überquellender Fruchtbarkeit gesegnet ist: aus ihrem Schoß werden wir geboren, mit ihrer Milch genährt, von ihrem Geist beseelt." (Über die Einheit der kath. Kirche, 5; BKV² 34, S. 136)

[20] Ehrwürdige Brüder! Dies ist die Absicht des Zweiten Vatikanischen Ökumenischen Konzils. Es vereint die besten Kräfte der katholischen Kirche im Bemühen, daß die Heilsbotschaft von den Menschen bereitwilliger angenommen wird. Dadurch bereitet und festigt es den Weg zu der Einheit der ganzen Menschheit, die ein unerläßliches[39] Fundament ist, daß die „irdische Stadt" der „himmlischen Stadt" ähnlicher wird, „deren König die Wahrheit, deren Gesetz die Liebe und deren Umgrenzung die Ewigkeit ist" (Augustinus, Briefe 138, 3).

Schluß

[21] Ehrwürdige Brüder im Bischofsamt! Jetzt „wendet sich unsere Stimme an euch" (2 Kor 6,11). Wir sind hier in der Vatikanischen Basilika versammelt, einem Brennpunkt der Kirchengeschichte, wo Himmel und Erde jetzt eng miteinander verbunden sind, am Grab des heiligen Petrus, an den Grabmälern sehr vieler unserer Vorgänger, deren sterbliche Überreste sich in dieser feierlichen Stunde sozusagen in lautlosem Jubel mitfreuen. Mit Beginn dieses Konzils bricht in der Kirche ein strahlender, glückverheißender Tag an. Noch herrscht die Morgendämmerung, und schon fühlen wir uns bei den ersten Zeichen des anbrechenden Tages wohl. Alles atmet Heiligkeit, alles weckt

[39] die ein unerläßliches / wie ein unerläßliches

Freude. Und da sollten wir auch die Sterne sehen, die mit ihrem Glanz dieses Gotteshaus erfüllen. Nach dem Zeugnis des Apostels Johannes seid ihr diese Sterne. (Offb 1,20) Und mit euch sehen wir die goldenen Leuchter rings um das Grab des Apostelfürsten, nämlich die euch anvertrauten Kirchen. Zusammen mit euch sehen wir Persönlichkeiten von Rang und Namen in einer Haltung tiefen Respekts und erwartungsvoller Sympathie anwesend. Sie sind aus fünf Kontinenten nach Rom gekommen, um die Völker und Staaten zu vertreten.

[22] So kann man wirklich sagen, daß zur Feier des Konzils sich Himmel und Erde vereinen: die Heiligen des Himmels, um unsere Arbeit zu schützen; die Gläubigen auf der Erde, um ohne Unterlaß zu Gott zu beten; und schließlich ihr, um auf die Inspiration durch Gottes Geist zu hören, auf daß die gemeinsame Arbeit den heutigen Erwartungen und Bedürfnissen all der Völker entspreche. Das fordert von euch Gelassenheit in der Bereitschaft, brüderliche Eintracht, rechtes Maß in den eingebrachten Vorschlägen, Fairneß in den Debatten und Klugheit in den Entscheidungen. Mögen eure Anstrengungen und eure Arbeit, auf die sich die Aufmerksamkeit vieler Völker und außerdem die Hoffnung der ganzen Welt richtet, die Erwartungen aller in möglichst großem Maße erfüllen.

[23] Allmächtiger Gott! Auf dich setzen wir unsere Zuversicht, da wir uns nicht auf unsere eigenen Kräfte verlassen können. Schau gnädig auf die hier anwesenden Hirten deiner Kirche. Das Licht deiner übernatürlichen Gnade helfe uns, rechte Entscheidungen zu fällen und weise Gesetze zu erlassen. Und erhöre gnädig unsere Gebete, die wir im gemeinsamen Glauben mit einmütigem Sinn und mit einer Stimme vor dich bringen.

Maria, Zuflucht der Christen, Zuflucht der Bischöfe! In deinem Heiligtum von Loreto haben wir vor kurzem deine besondere Zuneigung uns gegenüber erfahren. Wir haben dort das Geheimnis der Menschwerdung verehrt. Führe alles zu einem guten Ende. Zusammen mit dem heiligen Joseph, deinem Bräutigam, den heiligen Aposteln Petrus und Paulus, dem heiligen Johannes den Täufer und dem heiligen Evangelisten Johannes bitte für uns bei Gott.

Jesus Christus, unserem Erlöser und Heiland, dem unsterblichen König der Völker und der Zeiten, sei Liebe, Macht und Herrlichkeit. Amen.

Walbert Bühlmann bei Grünewald

Gottes große Überraschung
Was nach dem Sterben auf uns wartet
Topos Taschenbuch 233
222 Seiten. Kartoniert

Die Wende zu Gottes Weite
Weltreligionen fordern uns heraus
Topos Taschenbuch 211
136 Seiten. Kartoniert

Wenn Gott zu allen Menschen geht
Der biblische Glaube, die Weltreligionen
und die Zukunft der Menschheit
Topos Taschenbuch 219
216 Seiten. Kartoniert

Zehn Gebote für die Zukunft der Welt
Topos Taschenbuch 230
186 Seiten. Kartoniert

„Die Kirche sind wir!"
Ein Ausweg aus der Sackgasse
Sprecher: Walbert Bühlmann
Grünewald Sprechkassetten
Laufzeit: 2 x 30 Minuten

Matthias-Grünewald-Verlag · Mainz

Neue Topos Taschenbücher

Horst von der Bey / Johannes-Baptist Freyer (Hg.)
Die Franziskanische Bewegung
Band 1: Geschichte und Spiritualität
Topos Taschenbuch 255
192 Seiten. Kartoniert
Band 2: Weltweites Engagement heute
Topos Taschenbuch 256
228 Seiten. Kartoniert

Theodor Schneider
Dann wirst Du alle Tränen trocknen
Geistliche Reden zu Tod und Leben
Topos Taschenbuch 257
108 Seiten. Kartoniert

Kyrilla Spiecker
Zerreißproben
Nazihaft – Ärztin im Kriegseinsatz – Klosteralltag
Topos Taschenbuch 258
108 Seiten. Kartoniert

Matthias-Grünewald-Verlag · Mainz